EDITORA DO CONHECIMENTO

Auxiliando a humanidade a encontrar a Verdade

Série
Magnetismo a Força da Vida

Ensaio de Psicologia
Fisiológica

Casimir Chardel

CONHECIMENTO EDITORIAL LTDA.
Fone: 19 34515440
www.edconhecimento.com.br
vendas@edconhecimento.com.br

Tradução: **Maria Alice Farah Antonio**
Projeto Gráfico: **Sérgio Carvalho**
Ilustração da capa: **Banco de imagens**
Colaboraram nesta edição:
Fernando Jorge Passos Lebre
Mariléa de Castro

ISBN 978-65-5727-123-0
1ª edição – 2021

• Impresso no Brasil • *Presita en Brazilo*

Produzido no departamento gráfico da
CONHECIMENTO EDITORIAL LTDA
grafica@edconhecimento.com.br

Impresso na
Primeira Leitura
a gráfica digital da **EDITORA DO CONHECIMENTO**

Dados Internacionais de Catalogação na Publicação (CIP)
(Angélica Ilacqua CRB-8/7057)

Chardel, Casimir
Ensaio de psicologia fisiológica / Casimir Chardel ; tradução de Maria Alice Farah Antonio. — 1ª ed. — Limeira, SP : Editora do Conhecimento, 2021.
200 p. (Magnetismo a força da vida)

ISBN 978-65-5727-123-0
Título original: *Essai de Phychologie Physiologique*

1. Magnetismo animal 2. psicologia I. Título II. Antonio, Maria Alice Farah

21-5511 CDD — 615.8454

Índice para catálogo sistemático:
1. Magnetismo animal

Ensaio de Psicologia Fisiológica

Livros da série
Magnetismo a Força da Vida

• A Arte de Magnetizar
Charles Lafontaine

• Tratado Completo de Magnetismo Animal - Em doze lições
Barão du Potet Sennevoy

• O Magnetismo em Oposição à Medicina
Barão du Potet Sennevoy

• A Causa do Sono Lúcido
Abade Faria

• Memórias e Aforismos
Franz Anton Mesmer

• Cartas Ódico-magnéticas
Barão de Reichenbach

• Os Eflúvios Ódicos
Barão de Reichenbach

• Tratado de Sonambulismo
Alexandre-Jacques-François Bertrand

• Ensaio de Psicologia Fisiológica
Casimir Chardel

• Esboço da Natureza Humana
Casimir Chardel

Casimir Chardel

Ensaio de Psicologia Fisiológica

1ª edição
2021

EDITORA DO CONHECIMENTO

ESSAI

DE

PSYCHOLOGIE

PHYSIOLOGIQUE,

PAR

C. CHARDEL,

Conseiller à la Cour de Cassation, ancien Député de la Seine, auteur de l'*Esquisse de la Nature humaine.*

Troisième Édition

AUGMENTÉE D'UN APPENDICE AYANT POUR TITRE :

Notions puisées dans les phénomènes du Somnambulisme lucide et les révélations de Swedenborg sur le mystère de l'incarnation des âmes et sur leur état pendant la vie et après la mort.

PARIS.

GERMER BAILLIÈRE, LIBRAIRE-ÉDITEUR,

RUE DE L'ÉCOLE-DE-MÉDECINE, 17.

1844.

ENSAIO DE
PSICOLOGIA
FISIOLÓGICA

Por
C. CHARDEL
Conselheiro do Tribunal de Cassação, antigo Deputado do Departamento de Sena, autor de *Esboço da Natureza Humana.*

TERCEIRA EDIÇÃO
AUMENTADA DE UM APÊNDICE INTITULADO
Noções extraídas dos fenômenos do Sonambulismo lúcido e das revelações de Swedenborg sobre o mistério da encarnação as almas e sobre seu estado durante a vida após a morte.

PARIS
GERMER BAILLIÈRE, LIVREIRO-EDITOR
RUA DA ÉCOLE DE MÉDECINE, 17
1844

Sumário

Apresentação

Este livro é uma chamada histórica sob vários aspectos. Primeiro porque resgata do obscurantismo uma pérola do magnetismo nunca antes traduzida para o idioma português, dando oportunidade para que seja conhecida por muitos estudiosos da atualidade e simpatizantes do tema; segundo porque trata-se de um autor consagrado pelo tempo e indicado pelo próprio Allan Kardec, em seu "Catálogo Racional de Obras", ao fundar a biblioteca espírita. É, portanto, uma obra essencial para aqueles que se encontram sedentos por descobertas sobre o poder magnético e sua atuação no corpo humano, sob um enfoque espiritual, facilitando a compreensão de todos os aspectos que o cerca, tal como a existência de Deus, da natureza, do sonambulismo, do fluido vital, das ideias gerais sobre a vida, dentre outros que a ciência material ainda não adentra nem sequer reconhece a credibilidade.

Todavia, é muito importante que se saliente aqui que alguns conceitos do autor podem estar eventualmente superados pela ciência atual, o que não desfigura o caráter histórico da obra ou mesmo a possibilidade de os magnetizadores e magnetistas atuais tentarem pinçar luzes para seus procedimentos, já em franca ascensão e em tão pouco tempo de resgate. É que o autor não apresenta a obra como uma hipótese científica ou mesmo como uma teoria pronta, mas como um ensaio, tal qual fazia, por exemplo, o próprio Allan Kardec em muitos dos seus lampejos doirados à égide dos Espíritos Superiores.

Desse modo, os editores optaram por não encharcar esta preciosa obra de notas de pé de página, pois a leitura visceral do pensamento de Chardel seria entrecortada e desencorajante, se, por exemplo, profissionais das diversas áreas firmassem o entendimento nem sempre solidificado acerca de determinado tema ou assunto. O que era lá de trás, pode ser considerado cá à frente.

Sérios estudiosos da área de saúde poderão ingenuamente objetar que em alguns pontos o autor estaria ultrapassado pela ciência oficial, e que parte do livro estaria obsoleto. Sem desacreditar esses interessados, garantimos que muitas ciências materialistas chanceladas hoje como oficiais foram elevadas à custa dos interesses mesquinhos de certos setores do tecido social que primam por sempre escolher o *ter* em detrimento do *ser*.

Ora, sem novidade, considerando que essa é de fato a História da civilização, que nem mesmo deu acesso ao povo o básico que não se pode prescindir, mesmo desde à Antiguidade.

Talvez pareça uma espécie de denúncia, porém é fácil compreender que determinadas ciências que incomodaram e previram uma revolução, mediante a sua atuação, foram achincalhadas e relegadas ao ridículo, puramente pela inveja ou pelos interesses pessoais ou de grupos. Assim aconteceu com o próprio pai do magnetismo animal – Franz Anton Mesmer –, que, chegando à famosa comissão de Bailly (com Lavoisier, Franklin, Jussieu), fora, enfim, tirado por charlatão e vendido por panfletos que esconderam a verdadeira história, até pouco tempo.

Ao invés de missionário das melhores intenções e de alto cabedal de conhecimento, intelectualidade, moral e sapiência, teve o médico oriundo da antiga Suábia a sua reputação tida por alguém que vestia roupas extravagantes rosa-púrpura brilhante, tocando em tudo com sua varinha prata faiscante e fulgente. Hoje, como toda verdade divina que não se verga ao ridículo, os estudantes sérios espiritualistas, e de cátedra, já aguçam seus olhos percucientes sobre os preciosos ensinamentos mesméricos, os quais apenas têm o sonho de levar luz à ignorância.

Tenhamos em mente que este sempre foi o método corrente para descredibilizar algo que não há como se difamar por si mesmo. Os antagonistas, ante à avalanche do progresso, buscam agarrar-se, dignos da mais genuína e pura piedade, nos mais comezinhos jeitos de tentar destruir os homens de gênio que aqui aportaram e continuam a aportar para sérias missões a eles delegadas.

Além disso, existem também os riscos de chancelar doutrinas dignas, passando a relegá-las propositadamente ao ridículo, mas continuando a utilizar-se delas de modo oculto. Troca-se, não poucas vezes, ciências herméticas e não divulgadas à massa (e também à classe acadêmica), a não ser por uma espécie de verdade esvoaçante e fugaz, por outras pseudociências ditas ainda em desenvolvimento, porém aureoladas como oficiais.

Tantos exemplos temos disso, mas não convém adentrar o assunto, por ora. Por isso este esforço da **EDITORA DO CONHECIMENTO** para resgatar autores que tragam uma via alternativa de pensamento, voltando a um passado ativo, mas já enterrado engenhosamente a fim de que pessoas com mentes de bom interesse tenham essa possibilidade de leitura.

Quanto ao avanço pelo Espiritismo, notadamente pela parte II, capítulo XIII, de *O Livro dos Espíritos*, relativa aos fenômenos de emancipação da alma, temos que o estudo dessa parte, em particular, carece demais de comparações e entendimentos por autores como este, que o próprio Codificador da Doutrina Espírita orientou ler, estudar e praticar.

Assim, se ao invés de rejeitar de chofre um livro dessa envergadura, mesmo que sob o epíteto expresso de um "ensaio" declarado, decida o leitor por confrontar as ciências oficiais do nosso tempo com as ideias trazidas por Chardel, que, ocupando várias posições sociais e de confrarias importantes (fez sua Lei e entrou na Magistratura como Juiz adjunto do Tribunal de *Sena*, foi Deputado de *Sena*, Diretor Geral de Postos, Deputado de *Saône-et-Loire,* professor, magnetizador, escritor etc), não foi um mero aventureiro, cremos que, sendo inabaláveis, nada haverá de perder nesses debates.

Quanto ao mais, existem proclamações de ordem meramente espirituais que, malgrado, quase duzentos anos depois, ainda engatinhamos nos dias atuais acerca de determinação de fisiologia da alma por meios mecânicos, cartesianos e materialistas. Deixemos, portanto, o gênio especulativo de Casimir Chardel invadir os nossos entendimentos na seara magnética e humanista, apenas permitindo ao livre pensador, de início, a dúvida se o Mestre de Lyon, Kardec, apontava o dedo para que lêssemos néscios.

Vamos adentrar, então, um mundo que deve ser unido ao nosso tempo. Primeiramente, é necessário exaltar que o termo "psicologia" utilizado pelo autor não é o mesmo encontrado com base nas conversas das várias escolas tecnicistas do nosso tempo. Não se trata aqui do universo de

Freud, Jung, Lacan, Green, Adler etc. Trata-se da influência direta do chamado "espiritualismo francês" de Maine de Biran, Condillac, Félix Ravaisson, Jules Lachelier, etc. A ideia preponderante que concorda totalmente com os magnetizadores pela via natural é a de que a alma era (e sempre foi!) a base de tudo, incluindo o direcionamento das curas de uma forma direta. E daí se tirava toda uma teoria completamente às avessas das de hoje. A alma rege o corpo, e não o contrário.

Hoje, formalmente e oficialmente, apesar do nitidamente forçado retorno de algumas correntes à chamada *vis medicatrix naturae*, cujos homeopatas genuínos e magnetizadores sempre se utilizaram, em detrimento da alopatia, vamos ver mais uma vez, sob um prisma especial, a visão de um homem experimentado e mestre magnetizador acerca da alma, do sonambulismo, da letargia, da catalepsia, do entendimento da natureza e suas derivações e consequências, e notadamente sobre as crises naturais ou mesméricas.

Esta é uma leitura para quem já embarca nesse mundo lendário e de certa forma mística, contudo mais dificilmente por quem quer compreender a via natural hipocrática por meio de uma noção tecnicista da vida. É necessário um giro total e uma abertura de mente, para malmente perscrutar essas perquirições do autor. Contudo, a recompensa é assaz incomensurável.

Portanto, este livro não corresponderá a uma linguagem de tratados ou compêndios frios. É uma obra para praticantes de curas da natureza, reais. Ingenuamente, quem adentrar inadvertidamente esta leitura pensará tratar-se de obsoleto documento que razão alguma tem para subsistir. Óbvio! Uma visão dura, academicista, não subsiste à perscrutação da alma humana indômita, porque provinda de Deus. É o exemplo do capítulo que ensaia versar sobre a problemática multimilenar da depressão, antigamente cognominada de "melancolia". Ora! Há quão pouco tempo em nosso meio tivemos o reconhecimento desse flagelo como patologia a ser levada a sério, associada ao autocídio? Nós mesmos, seres tidos por esclarecidos, quantas vezes já não vislumbramos julgar como ridículas pessoas acometidas deste mal da alma. Mas só então o mundo assolado por isso tem envidado esforços para suprir com substâncias diversas necessárias, via fármacos sintéticos, a ausência cada vez mais periódica dos neuropeptídios que conduzem à felicidade.

Daí dizemos: por que então não facultar aos magnetizadores debelarem a cizânia orgânica munidos de recursos, a fim de atacar os males da alma diretamente, uma vez que a ciência que nos merece o maior respeito pensa somente em socorrer ao corpo? Pois, vejam que o autor ora em exame, no capítulo X desta obra, trata justamente das afecções melancólicas. Quem sabe o que se encontrará de útil para hoje, observado por ele lá atrás? Será que uma linha ou mesmo palavra não poderia acender mais luzes ainda sobre esse flagelo que assola e destroça a humanidade?

Esperamos pois que, como Casimir Chardel, por meio desta obra, a semente lançada pelo semeador caia em solo fecundo e possa germinar rumo a uma árvore robusta da regeneração da humanidade.

Fernando Lebre

Introdução

A missão dos cientistas foi, desde sempre, esclarecer os outros homens caminhando à frente do progresso e, no que diz respeito aos produtos da indústria, nunca um século foi mais digno que o nosso, pois cada dia nos enriquece de alguma nova descoberta. Lamentavelmente, por um infeliz contraste, quanto mais nossos conhecimentos materiais se expandem, menos os que pensamos possuir sobre a espiritualidade de nosso ser conservam certeza. Dir-se-ia que se elevando sobre o horizonte da inteligência, a luz industrial afasta diante de si as brumas da metafísica.

Entretanto, a nova geração, livre dos entraves da superstição, busca apoiar-se sobre a base da moral e, de certa forma, tem fome de religião. A esse respeito, tentaram saciá-la com o perfume dos sentimentos piedosos que exala de alguns escritos modernos; mas a fé, reanimada por sua eloquência, raramente sobrevive às emoções que a fizeram nascer. A aridez das ciências exatas, tão universalmente cultivadas, deu ao nosso século o hábito de raciocinar friamente, e de colocar entre as ilusões aquilo que não admite outra prova além dos movimentos da alma.

Nesse estado dos espíritos, pensei que, para dar às verdades morais a consistência das verdades físicas, era preciso associá-las. Tal é o objetivo da *Psicologia Fisiológica*. Procurei, em nossos conhecimentos atuais, o meio de explicar as relações recíprocas entre a alma e o corpo; mas certifiquei-me de que a ciência não oferece na física senão uma reunião de experiências e de hipóteses sem verdadeira teoria; que a fisiologia tampouco a tem, e que a psicologia só poderá ter uma quando se souber o que é a vida.

Então, tive de recomeçar o estudo da natureza; um novo exame conduziu-me a reconhecer que o Sol e a Terra fornecem dois princípios diferentes que se unem, a seguir, na formação dos corpos. Esse sistema é o único em que a física, a fisiologia e a psicologia encontram uma teoria satisfatória: com ele tudo se explica facilmente sem recorrer às hipóteses, e peço, nessa parte, um exame mais severo, pois se nada fiz além de revelar os mistérios da natureza, devo fazer o mesmo na continuação do meu trabalho que não é senão uma aplicação disso em diferentes usos.

Devemos desejar que o estudo das ciências se liberte dos preconceitos do materialismo, como ele se desembaraçou daqueles da superstição; é o meio de apressar o progresso das luzes; mas meu livro conteria inutilmente as verdades mais bem estabelecidas se ele não provocasse nenhuma discussão. Temo afastar a atenção dos cientistas pela exposição de um sistema em que começo por remontar às causas para, a seguir, descer ao exame dos efeitos. É, no entanto, já alguma coisa fazer conhecer a verdadeira teoria de uma ciência como a física, que deve servir de base a todas as outras.

Talvez se julgue inconveniente que um homem consagrado por profissão à aplicação das leis tenha se entregue a meditações que lhes são estranhas; essa reflexão não me escapou, e eu teria de bom grado abandonado minha tarefa se tivesse encontrado alguém que pudesse dela se encarregar; mas ela só convinha a uma dedicação desinteressada, pois não conduz nem à glória nem à fortuna. Há muitos séculos procura-se saber por qual via a alma alia-se ao corpo; o mistério dessa união foi-me revelado, e eu o publico, pois é um dever de cada um difundir as luzes que crê ser o único a possuir, quando, por sua natureza, elas pertencem a todos.

Ensaio de Psicologia Fisiológica

Primeira Parte

Capítulo I
Considerações gerais sobre o homem

O estudo do homem foi, desde sempre, objeto das mais profundas meditações: e o célebre preceito *Nosce te ipsum* [*Conhece-te a ti mesmo*] prova que a Antiguidade o colocava em primeiro lugar. Entretanto, em nosso século das luzes, em que as outras ciências fizeram tanto progresso, esse estudo tão recomendado permaneceu quase estacionário. Procurei sua causa, e pensei tê-la achado na direção dada aos primeiros trabalhos. Primeiramente, tinham considerado como certo, pois a dúvida nasceu depois, que o homem oferecia, na Terra, a união de uma alma com um corpo[1], e pensaram facilitar seu estudo separando o exame do organismo do exame do ser espiritual.

Duas escolas se formaram: numa delas, os metafísicos ocuparam-se, exclusivamente, das faculdades intelectuais; ao passo que na outra, os anatomistas caminharam, escalpelo na mão, para a exploração dos órgãos, e criaram a fisiologia. A ciência, avançando assim em duas direções contrárias, deu origem a dois sistemas que, longe de se elucidarem reciprocamente, não tardaram a se opor dificuldades que permaneceram sem solução. De um lado, os espiritualistas não puderam explicar uma profusão de fenômenos devidos à necessidade que temos, neste mundo, de executar nossos pensamentos nos órgãos do corpo[2], ao passo que, de outro, os fisiologistas, colocando a sensibilidade nos aparelhos nervosos, não puderam explicar a unidade da individualidade que compara as sensações e comanda os atos. Essa divisão nos estudos parece-me en-

[1] A linha que adotei pede que primeiramente eu admita a existência da alma; porém, a esse respeito, exporei, na sequência, os motivos de minha fé, e convido a examiná-los.

[2] Essa necessidade é uma consequência forçada de nosso modo de existência na Terra, pois a alma não teria qualquer meio de percebê-lo sem o auxílio dos órgãos que a vida coloca à sua disposição.

cerrar as investigações da ciência em um círculo, no qual, na Terra, o homem não poderia se encontrar.

Com efeito, o exame da alma, separado do exame do corpo, não traz qualquer luz sobre o mistério de sua união, e é, no entanto, essa união que importa conhecer, pois o homem, neste mundo, não consiste realmente nem em uma alma, nem em um corpo; mas nas relações que a vida estabelece entre eles. É evidente que após a morte um corpo sem alma não é mais do que um teatro cujo autor desapareceu; ao passo que uma alma sem corpo seria um ser espiritual que o mundo em que estamos não apresenta em lugar nenhum. Estudar o homem em um cadáver, é, pois, buscá-lo onde ele não mais existe; e pretender examiná-lo abstrativamente, como espírito, é querer pegá-lo onde ainda ele não existe. Tal é o inconveniente da dupla direção dada ao estudo; ela levou as pesquisas a vias opostas em que, na Terra, o homem não se encontra, e onde, consequentemente, não podemos aprender a bem conhecê-lo. Assim, o conhecimento do homem fez poucos progressos, apesar do tempo, do trabalho e dos esforços do gênio. Quando uma descoberta não parece impossível, e que grandes inteligências nela consumiram infrutuosamente os séculos, quase sempre é preciso disso acusar a direção dada aos primeiros trabalhos, e recomeçar a ciência. Foi o que tentei fazer; e primeiramente, pareceu-me que neste mundo o homem não devia ser estudado como duas individualidades distintas, a alma e o corpo; porém, como um modo particular de existência formado por sua união. Propus-me a examinar esse modo de existência e explicá-lo. Direi de qual elemento a vida se compõe, por qual mecanismo ela se renova, e como suas modificações estabelecem relações entre a alma e o corpo. Explicarei essas relações na sua atualidade, pois neste mundo, essa atualidade é inteiramente o homem terreno, e é aqui, apenas, que podemos estudá-lo com proveito.

Estudar o homem em sua vida parece-me, pois, o único meio de chegar a conhecê-lo; mas para consegui-lo é preciso saber, primeiramente, o que é a vida e, infelizmente, a esse respeito, temos poucas luzes. Está fora de dúvida que a natureza contém nos seus elementos o princípio da vida individual de todos os seres; mas quais são esses elementos? A física não no-los ensina; e, entretanto, parece que suas altas teorias deveriam começar por aí, para, em seguida, deduzir a explicação dos compostos. Com efeito, quiseram assim proceder, e primeiramente, admitiram quatro elementos; porém, a experiência demonstrou que era um erro, e, posteriormente, os cientistas renunciaram a remontar primeiramente aos princípios primordiais. Os sistemas atuais não mais se apresentam até como verdades absolutas, mas, apenas, como probabilidades de um uso cômodo, e as altas teorias não são, em física, senão hipóteses criadas pelo gênio para explicar a natureza. A descoberta imediata dos elementos é, no presente, abandonada: até declararam que todo estudo razoável se detinha no exame dos efeitos, e que era insensato querer remontar diretamente às causas. Assim, o círculo está, doravante, invariavelmente traçado; não é mais permitido dele se afastar; e quem nele não se enquadra é, sem outro exame, declarado pelos cientistas fora dos caminhos da razão. Pareceria que o método atual conduziu a ciência a penetrar em todos os segredos da natureza, tanto que se dá importância a fazê-lo prevalecer. Entretanto, a verdade é que não sabemos ainda o que é a vida, e que ignoramos até de qual elemento ela se compõe. Assim, a fisiologia não tem base e encontra-se reduzida em seus sistemas a indicar-nos os efeitos no lugar de sua causa, mostrando-nos a vida no conjunto dos fenômenos que ela produz[3].

Os cientistas gabavam-se outrora de terem conseguido fixar os limites dos conhecimentos humanos; hoje, eles pretendem ter descoberto o único método de instrução que a razão admite. Todavia, a decomposição pela qual eles procedem deixou-os ignorar até agora quais são os princípios primordiais, de modo que a física é obrigada a fundar suas altas teorias em hipóteses, embora seja seguramente desejável fundamentar mais solidamente uma ciência que deve servir de base a todas as outras.

Provavelmente, foi necessária a força do gênio para desfazer e refazer a obra da natureza, tentando voltar dos compostos aos simples. Entretanto, essa via, já percorrida com tanta glória, parece-me mais conveniente às descobertas de pormenores do que à descoberta do sistema geral do universo. O procedimento que adotei é menos complicado e me parece mais seguro; seguirei a natureza no lugar de avançar em sentido contrário e, no meu exame, irei até com ele dos simples aos compostos, no lugar de ir dos compos-

[3] Na explicação do funcionamento de uma máquina, fazemos, comumente, conhecer o seu motor; mas a fisiologia, expondo o mecanismo do organismo humano, detém-se no exame das funções vitais e não diz uma palavra sobre a vida que as coloca em movimento

tos aos simples. Meu trabalho, tal como ele se oferece ao meu espírito, é mais útil do que difícil; assim, em minhas pesquisas, consultarei, com frequência, as luzes instintivas, essa claridade vulgar chamada de senso comum, que raramente engana, mas que nas sociedades científicas é desdenhado porque nunca conduz à glória. Além disso, eu não me gabo de chamar a atenção das altas inteligências, que a verdade dificilmente persuade a não ser que ela esteja de acordo com seus sistemas; mas espero obter o exame de alguns homens conscienciosos. Além do mais, se a geração atual não se preocupa com meu trabalho, ainda me restam as oportunidades do futuro. Não ignoro que comumente as descobertas úteis só crescem sobre o túmulo daqueles que as fizeram, e talvez um homem mais capaz poderá, posteriormente, apoderar-se do meu livro e reproduzir um sistema que creio escrito sob o ditado da natureza. Além disso, quanto à psicologia fisiológica, eis, aproximadamente, ao que se reduzem nossos conhecimentos atuais.

A causa do movimento e do calor parece ser o princípio da vida, e os físicos, ao abandonarem a descoberta dos movimentos primordiais, reduziram a teoria da luz e do calor a vãs hipóteses que eles mesmos não mais apresentam como verdades absolutas. Todavia, a fisiologia, esperando-se que ela saiba o que é a vida, toma como ponto de partida o mecanismo do organismo sem conhecer o seu motor, e se limita a basear seu sistema em efeitos cuja causa continua ignorada. A psicologia é ainda menos avançada, pois por falta de esclarecimentos sobre a união do ser espiritual à matéria, ela encontrou-se reduzida a estudar as faculdades da inteligência, como se elas se exercessem independentemente do corpo, ao passo que elas apenas agem aqui na Terra por intermédio dos órgãos[4].

Assim, a física desiste de encontrar o elemento do movimento que não sabe onde procurar, e, no entanto, o movimento é o agente universal da natureza. A fisiologia ignora o que é a vida da qual ela pretende explicar os fenômenos, e a psicologia, não conhecendo o meio de união do espírito à matéria, estuda as faculdades espirituais, como se encontrássemos em algum lugar na Terra, almas agindo sem corpos.

Tal é o estado da instrução: parece-me que nada há

[4] O poder de pensar pertence à alma; mas na Terra, o trabalho dos pensamentos deve se executar no cérebro, pois, é das impressões que esse órgão recebe que nascem as sensações que nos colocam em relação com o mundo material.

de tão satisfatório para justificar o desdém com o qual se acolhe as explorações tentadas nas novas vias. É evidente que enquanto a física não tiver outras teorias além das com que hoje ela se contenta, as ciências a ela ligadas não terão bases sólidas, e serão detidas no seu progresso. Assim a descoberta dos elementos seria de uma utilidade geral. Certamente a filosofia moderna nos livrou de muitas superstições; mas, materializando os estudos, ela apenas substituiu velhos preconceitos por preconceitos novos; pois, é preciso admitir, a ignorância permaneceu no fundo das coisas. Quando, por sistema, as pessoas se limitam ao exame dos efeitos, é difícil chegar ao conhecimento dos princípios. Assim, os cientistas parecem se resignarem a isso, declarando renunciar à descoberta das causas que seu método de exploração torna quase impossível. É evidente que, na via seguida até aqui, o mistério da união da alma com o corpo permanecerá sempre impenetrável pois ela não oferece nenhuma saída desse lado. É preciso, pois, resolvermo-nos a permanecer, a esse respeito, na ignorância final, ou nos abrir uma nova rota, dando outra direção ao estudo da psicologia fisiológica. Muitas pessoas estão convencidas de que sobre essa matéria todos os novos esforços são inúteis, e que elas sabem tudo o que ninguém jamais saberá. Infelizmente, o estudo do homem desorientou-se desde os seus primeiros passos, e sua incerteza desencorajou muitos espíritos judiciosos; mas ainda podemos trazer o exame para a via das descobertas positivas, apoiando-o em documentos apropriados para formar uma convicção filosófica. Apenas falarei acessoriamente sobre as Santas Escrituras, pois, no nosso século, é geralmente reconhecido que até a revelação não mais deve ter razão contra a razão; porém não darei mais privilégio às teorias dos cientistas que reduzem tudo à matéria, e direi porque elas me parecem vãs e mentirosas. Examinarei essas teorias, das quais também fizeram uma espécie de dogma, e espero que, com a ajuda das luzes vulgares do senso comum, colocarei o leitor em condições de julgar qual grau de confiança ele deve dar a essas magníficas criações do gênio. Exporei meu pensamento tão claramente quanto me será possível; mas são ideias novas e, para ser compreendido, preciso que me prestem uma atenção constante. Peço, além do mais, que o leitor me perdoe a simplicidade de minhas palavras, procuro a verdade e não a glória. Penso sem afetação, e escrevo da mesma forma.

Capítulo II
Observações gerais sobre o estudo da natureza

É surpreendente que após imensos trabalhos os cientistas estejam reduzidos a nos declarar que os elementos da natureza lhes são desconhecidos. Esse resultado pouco satisfatório, após tantas pesquisas, fez-me pensar que eles enveredaram por um caminho errado, pois, seguramente, as luzes e o tempo não lhes faltaram. Pensei ter reconhecido, examinando atentamente a linha que eles seguiram, que no lugar de chegar ao princípio das coisas, necessariamente ela deve tê-los conduzido a criar, no seu lugar, uma profusão de hipóteses quiméricas. Na verdade, quando se tenta, como os cientistas, voltar dos compostos aos simples, as propriedades compostas se apresentam, necessariamente, em primeiro lugar; elas se tornam a base do progresso; e quando, a seguir, se chega aos elementos, pretende-se explicar suas propriedades com a ajuda dos conhecimentos adquiridos anteriormente.

Voltar dos compostos aos simples, é estudar a natureza ao contrário, o que conduz necessariamente a explicá-la no contrafluxo, procurando nos efeitos a razão das causas. Foi assim que pretenderam explicar a luz pela elasticidade; pois a criação do fluido etéreo e de suas ondas é unicamente devida ao fato de que a exploração retrocede do fim ao começo; porém, para imaginar essa hipótese e cercá-la de probabilidade, foi necessária a reunião do saber e do gênio; e entretanto, na realidade, uma hipótese é sempre apenas um retrato traçado na ausência do modelo: assim todo sistema assentado em semelhante base parece-me merecer pouca confiança, qualquer que seja o mérito do inventor. Não vejo, contudo, na física senão um meio de tudo explicar, sem recorrer às suposições; é começar o estudo da natureza pelo seu início, ou seja, de se assegurar dos elementos das coisas, e de constatar suas principais propriedades, antes de estudar as dos corpos secundários. Quando as propriedades elementares forem conhecidas, servirão para explicar, a seguir, as propriedades compostas que a variedade das combinações deve necessariamente produzir, e desde então, a criação das hipóteses tornar-se-á irrelevante.

O procedimento que proponho é simples; ele me parece preferível ao adotado hoje, e ouso garantir que ele conduzirá muito mais longe, quanto ao conhecimento do homem. Qualquer que seja a alta inteligência dos cientistas, a direção dada às primeiras pesquisas pôde produzir neles os preconceitos nos quais me parece que se perderam; tudo pode depender dos começos, e imagina-se que as simples luzes da razão bastam para examiná-los, pois apenas ela deve guiar os primeiros passos da ciência. É, pois, à razão comum a todos que remeto o exame da base das opiniões devidas aos trabalhos particulares de alguns: além disso, a origem dos elementos não tem nada oculto, já que basta lançar os olhos sobre o universo e consultar suas sensações para reconhecer que o Sol e a Terra são os princípios de todas as coisas. Essa verdade, tão fecunda em consequências, é seguramente bem fácil de se perceber; mas é essa mesma facilidade que me faz temer que ela seja rejeitada sem exame; pois o comum dos homens não imaginará que ela pôde escapar das meditações dos cientistas, ao passo que estes acharão que ela está muito abaixo de sua penetração excepcional.

O sistema que vou expor apoia-se, como as hipóteses que combato, em verdadeiras riquezas da ciência, ou seja, em uma profusão de experiências admiravelmente feitas, e que provam, na minha opinião, que a luz e a matéria entram, como princípios, na formação de todos os compostos. Farei com que a discussão das altas teorias atuais seja precedida pelo exame do procedimento seguido para chegar a criá-las, e será reconhecido que esse método de exploração deve ter, necessariamente, desorientado os que o adotaram.

Capítulo III
Exame do método adotado no estudo da natureza. Definição da matéria

Os corpos sólidos são os mais fáceis de pegar; parece que também acreditaram que sejam os mais fáceis de conhecer, e eles se tornaram o objeto dos primeiros estudos. Posteriormente, a ciência constantemente avançou nessa via; ela procurou os elementos dos corpos em sua decomposição, indo dos compostos aos simples. Esse método pouco lógico, que procede na contramão da formação, materializou o sistema da instrução, dando-lhe por base as propriedades observadas nos sólidos, que foram declaradas as propriedades essenciais da matéria. Essa palavra matéria aplica-se, agora, a tudo o que existe, pois ela é estendida a cada descoberta nova.

Poder-se-ia, desde o início, generalizar as observações no lugar de se prender a um exame pormenorizado; mas pareceu mais fácil tentar decompor os corpos do que buscar na natureza os elementos das coisas. É essa pretensa facilidade que levou as primeiras investigações a uma via que, atualmente, dever-se-ia abandonar, pois tornou-se evidente que cada corpo contém todos os elementos em um modo de combinação que a decomposição apenas faz variar; de modo que a análise apenas conduziu a descobrir novos compostos sem nunca chegar aos simples.

Se, originalmente, tivessem se proposto ao estudo do universo, a luz teria sido objeto das primeiras observações; porém, primeiramente, ocuparam-se com os corpos sólidos, passaram, a seguir, ao exame dos líquidos, depois, finalmente, aos fluidos; de modo que, na marcha progressiva da instrução, o elemento luminoso teve que ser o último a se apresentar, pois procederam do fim ao começo.

Efetivamente, só foi após longos trabalhos, e quando os progressos da instrução se fixaram em bases materiais, que a analogia conduziu a atribuir os fenômenos da luz à elasticidade, que ela produzira unindo-se à matéria, e que já havia sido reconhecida como um princípio geralmente difundido na natureza. Eis por quais encadeamentos sucessivos os cientistas foram levados a suprimir o elemento luminoso, em proveito de um fluido elástico que eles criaram no espaço. Esse estranho resultado pode surpreender aqueles que, não sendo iniciado nas vias da ciência, julgam, segundo suas sensações, que a luz é uma substância que, ao penetrar-nos, nos aquece[5].

Essa confusão dos efeitos com sua causa parece-me o resultado de um erro que um novo exame retificaria facilmente; porém, para reconhecer a verdade, seria necessário admitir que poderiam ter-se enganado, e lançar sobre a origem dos estudos um olhar retrospectivo. Os cientistas preferiram até aqui fazer um apelo ao seu gênio, criar o fluido etéreo e seguir em frente com a ajuda de uma hipótese. Além do mais, é certo que, se o método de análise e da decomposição nos ocultou os elementos da natureza, ao menos ele destruiu muitos preconceitos, e nos enriqueceu com uma profusão de descobertas preciosas.

Os corpos sólidos tinham sido objeto das primeiras investigações, e sua materialidade tornou-se a base sobre a qual pretendeu-se, a seguir, assentar todas as descobertas. Se o exame da natureza tivesse começado pela substância luminosa, ela se teria tornado o ponto de partida, e, após terem constatado suas propriedades, teriam facilmente reconhecido que ela entrava como elemento em todos os compostos. Essa progressão natural excluía as hipóteses, pois a combinação da luz bastava à necessidade das explicações, e a combustão, fazendo-a jorrar da maioria dos corpos, neles demonstrava a sua presença. A ciência, ao contrário, havia se materializado no seu percurso antes de chegar ao elemento luminoso, e, para explicar a luz, tentou dar-lhe idealmente um corpo, criando o fluido etéreo, suas vibrações e suas ondas. Foi assim que o dogma da materialidade, que os espíritos positivos opõem como uma barreira aos desvios da imaginação, acabou por produzir as mais fantásticas hipóteses. Com toda certeza nada, na natureza, se manifesta tanto quanto a luz, como um elemento das

[5] Explicarei, na sequência, como o elemento luminoso, ao se combinar com a matéria, produz a elasticidade, tanto nos sólidos quanto nos fluidos.

coisas; ao passo que, ao contrário, os fenômenos de elasticidade parecem devidos à união de um princípio ativo com um princípio resistente; e eis, no entanto, que homens ilustres imaginaram que a luz é um efeito cuja elasticidade é a causa. Esse singular contrassenso, tão pouco de acordo com a razão comum, é a consequência do caminho que o estudo seguiu, avançando do fim ao começo. É preciso examinar novamente os primeiros passos da ciência, não seria demais repetir; pois aí se encontra a origem dos erros que há muito tempo materializam a marcha do espírito humano e retardam seus progressos.

Primeiramente, os físicos declararam que existiam quatro elementos: o fogo, o ar, a terra e a água; supunham que eles entravam, em diferentes proporções, na formação de todos os corpos, e designavam, com o nome de matéria, a substância tangível que os compunha. Essa matéria, propriamente falando, era a massa à qual a natureza dava todas as formas. Reconheceram-lhe cinco propriedades essenciais: a extensão, a divisibilidade, a impenetrabilidade, a gravidade e a inércia. Logo novas pesquisas aumentaram o círculo das ideias, e desde a descoberta da atração, da decomposição da água, das experiências sobre a luz e os fluidos imponderáveis, convencionaram chamar de corpo material tudo o que manifesta sua presença por uma ação qualquer. Essa vasta definição nada exclui; pois ela abarca tudo o que a inteligência pode captar; porém, pela mesma razão, ela tampouco não especifica nada, e pode enganar no sentido em que ela parece falaciosamente ligar-se em particular a qualquer coisa, embora na realidade ela ofereça apenas uma locução vazia de sentido.

Devolverei à palavra matéria sua primeira acepção, empregando-a somente para designar nos corpos a substância tangível. Essa definição muito simples terá a vantagem de ter um significado, e de estabelecer uma classificação real e de acordo com as ideias mais comuns.

Capítulo IV
Sobre os movimentos comunicados, o calórico e a elasticidade

Tudo se agita na natureza, e a experiência demonstra que os corpos resistem ao impulso em razão de sua massa. Newton declarou "que o corpo imóvel persiste ao estado de repouso, e o corpo tornado móvel ao estado de movimento". Era ter reconhecido que a imobilidade era natural aos corpos, já que era preciso torná-los móveis para fazê-los passar ao estado de movimento. Isso resultava, aliás, da segunda lei do movimento contida na declaração que o movimento age sobre os corpos em razão inversa de sua massa, de modo que "a medida de uma força é dada pelo produto da massa e da velocidade do corpo colocado em movimento". – Ora, como o obstáculo que a massa dos corpos opõe ao movimento não é outra coisa senão a matéria, disso resulta que o repouso é de sua essência e que toda agitação dos corpos manifesta, na matéria, a presença de uma substância ou de uma força estranha.

Na realidade, o repouso é apenas uma declaração negativa, é a ausência do movimento, como a obscuridade é a ausência da luz. A natureza nos oferece em toda parte uma mistura de repouso e movimento; por que confundir sob a mesma denominação dois princípios opostos e admitir, na física, somente a matéria? Seria porque os primeiros estudos se dirigiam aos corpos palpáveis, e que em seguida teriam acreditado que nada existia onde nada podia ser tocado? É evidente que teria sido diferente se as pessoas tivessem primeiramente se ocupado do exame da substância luminosa, cujos efeitos são sensíveis para todos.

Na física, os cientistas só se ocupam com os movimentos comunicados; é assim que eles nomeiam os impulsos que os corpos recebem; eles calculam seus efeitos sem conhecerem a causa, que desistiram de procurar, porque ela é impalpável: essa causa, designada com o nome de movimentos primários, não é outra coisa senão a substância luminosa.

O calor é inseparável do movimento, e os físicos chamaram calórico o princípio desconhecido que o produz. Eles chamaram esse princípio, que ainda é apenas a luz, de calórico latente, discreto, específico, quando está encerrado nos corpos em estado de combinação. A combustão destrói essas combinações, e eis porque ela reproduz os fenômenos luminosos.

Newton havia declarado que a elasticidade dos fluidos se devia ao calórico que alojado nos interstícios de suas moléculas, voltava sobre si mesmo quando eram momentaneamente comprimidos. Mas de que fonte o calórico extrai o movimento que ele transmite às moléculas dos fluidos? Os físicos nada dizem sobre isso, e quanto à elasticidade dos sólidos, eles a explicam pela coesão devida a determinado tipo de atração que une suas partes, e que não é mais do que a própria coesão. Penso poder afirmar que em toda parte a elasticidade tem a mesma causa; pois basta colocar a água sobre o fogo para nos certificarmos de que é o calórico do corpo colocado em combustão que produz, ao se liberar, a elasticidade do vapor com a qual ele se combina. Posteriormente, aprofundarei mais essa explicação, lembrando a experiência do isqueiro pneumático, em que a compressão súbita do ar apenas faz manifestar para fora a causa de sua elasticidade, expulsando a luz que nele se encontrava escondida.

Neste capítulo, procurei, por uma simples recapitulação, fazer compreender quanto é provável que a elasticidade de todos os corpos é devida à presença da substância luminosa, que neles se modifica de diversas maneiras. Iremos ver que a sonoridade, igualmente atribuída à elasticidade, é também o resultado do modo particular da combinação dos raios solares nos gases.

Capítulo v
Exame da teoria da formação e da propagação dos sons

Os físicos ensinam que a sonoridade é apenas uma aplicação da elasticidade a um uso particular. Newton provou que a elasticidade dos fluidos é devida ao calórico, que os torna compressíveis. Assim, a elasticidade dos fluidos, ou se quisermos, sua sonoridade é essencialmente ligada à sua compressibilidade. Parece que deveríamos concluir que os líquidos não são sonoros, pois eles são pouco ou nada compressíveis, e essa dedução adquire uma nova força quando nos lembramos que os líquidos sempre podem ser considerados como gases privados do calórico que formava sua compressibilidade[6]. Aliás, a natureza revelou-nos a insonoridade da água ao não dar voz aos peixes. Sabemos que em um nevoeiro denso o som desaparece a uma curta distância, e que a percussão dos mais retumbantes corpos cessa de ser produzida quando os mergulhamos em um líquido[7]. Entretanto, é das ondas aquosas que foi tomada emprestada a ideia primeira da hipótese das ondas sonoras, imaginadas para explicar a formação e a propagação dos sons no ar.

Essa hipótese se baseia em experiências e cálculos que podem seduzir; entretanto reconhecemos, durante o exame, que o resultado aritmético não tem outra base além da relação que se estabelece entre o cômputo das vibrações e a medida de ondas supostamente existentes no ar.

Portanto, a existência dessas ondas ideais ainda precisa ser provada; e primeiramente perguntamo-nos se a na-

[6] Podemos ver a esse respeito as belas experiências da decomposição e da recomposição da água.

[7] Por que, em um líquido, as vibrações do corpo sonoro cessam de produzir sons? É que, de todas as partes, elas se encontram em contato com uma continuidade material que as detém.

tureza das coisas permite tal hipótese; pois as ondas dos líquidos são devidas à coesão que ainda une suas moléculas, coesão que não mais existe nos gases, donde resultaria que as ondas somente pertenceriam às aglomerações líquidas, e que a natureza do ar não as admitiria.

Os físicos não se ocuparam com essa dificuldade, que pensei dever apresentar antes de examinar a série dos fenômenos que os conduziu a criar ondas sonoras pela necessidade de explicações.

Todos os sons se propagam no ar com igual velocidade, fortes ou fracos, graves ou agudos, e notamos que o número de vibrações de uma corda esticada aumenta quando a encurtamos, de tal modo que a rapidez das vibrações sempre compensa seu comprimento; da mesma forma, um tubo de órgão de trinta e dois pés, que vibra trinta e duas vezes por segundo, vibraria 64 vezes no mesmo tempo se tiver apenas 16 pés. Os físicos apoderaram-se desses fenômenos para concluir que, à imagem das vibrações, formam-se no ar ondas sonoras cujas quantidade e rapidez aumentam quando seu comprimento diminui: o que lhes serve para explicar a igualdade da propagação dos sons, pois nessas supostas ondas sempre há compensação exata entre o tamanho e a velocidade.

Vemos, nessa hipótese, que, para fazer com que todos os sons cheguem simultaneamente ao mesmo fim, foi necessário que se admitisse nas ondas sonoras uma incalculável variedade de tamanho e de velocidade, o que parece pouco de acordo com a simplicidade das vias normais da natureza. Penso, ao contrário, que todos os sons se propagam pelo movimento que circula internamente no ar, o que os faz chegar simultaneamente, pois eles têm apenas um único e mesmo veículo. Esse movimento é próprio ao modo das combinações gasosas, e resulta do estado de dissolução em que a substância luminosa mantém a matéria; ele é suscetível de pouca variação; entretanto, em certas disposições atmosféricas, a experiência prova que há aceleração na propagação do som, o que não está de acordo com a hipótese das ondas sonoras.

Os físicos deveriam ter suspeitado que a sonoridade do ar é devida a uma causa especial, pois tudo o que, no corpo sonoro, influi sobre as vibrações fazendo os sons passarem do grave ao agudo, como a espessura da corda, seu encurtamento ou sua tensão, são acidentes que a natureza dos gases não admite, e que, consequentemente, não podem se reproduzir no ar. Assim, os fenômenos observados nas vibrações dos corpos sólidos absolutamente não provam a existência das ondas sonoras, e a exatidão do cálculo das vibrações aplicada a essa hipótese não faz dela uma realidade.

Sabemos, além disso, que vinte violinos afinados produzem vinte sons diferentes. Entretanto, com a hipótese dos cientistas, os sons produzidos deveriam ser os mesmos; pois as ondas que os formariam seriam idênticas. Os físicos não explicam esse fenômeno, cuja causa logo explicarei.

As ondas que se formam na superfície dos líquidos são todas iguais em espessura, e sua uniformidade deve-se à homogeneidade do meio que as recebe; o mesmo ocorreria com o ar, e a diversidade na amplitude das vibrações não se reproduziria se ondas aí pudessem se formar.

A sonoridade é uma propriedade particular da natureza da elasticidade dos gases, em que o movimento mantém a matéria em dissolução. Entretanto, os físicos pretendem que os sons não são senão acidentes vibratórios que existem e se propagam tanto nos sólidos quanto no ar. Bateram na extremidade de tubos de ferro fundido de trezentos metros de comprimento, e o som propagou-se pelo ar interior, ao passo que outro som percorria, dizem, o metal e chegava mais rapidamente. Concluíram, dessa experiência, que os sons viajam tanto nos sólidos como no ar; parece-me que ela demonstra, ao contrário, que as vibrações não são sons. Com efeito, se as vibrações se propagam mais rapidamente que as ondas sonoras, disso decorre que estas não são a reprodução daquelas, pois a desigualdade na chegada dos sons prova que, no ar interior, as ondas sonoras foram menos rápidas ou de menor amplitude que as vibrações que as produziram no metal. O que se tornaram, então, as trinta e duas vibrações do tubo de órgão e as trinta e duas ondas sonoras formadas à sua imagem? É evidente que essa experiência derruba, por sua base, a explicação dada para a igualdade da propagação dos sons no ar, já que não podemos calcular o movimento das ondas sonoras pelo movimento das vibrações[8]. Ademais, é certo, que as vibrações dos corpos sólidos dependem da sua continuidade material, pois elas variam com seu modo de agregação, e se comunicam pouco a pouco. Sabemos, por

[8] Deve-se observar que é à hipótese das ondas sonoras que se deve a criação das ondas luminosas do fluido etéreo.

exemplo, que um golpe dado sobre a extremidade de uma viga imediatamente ressoa na outra extremidade, ao passo que transversalmente o abalo é quase nulo. Tal fenômeno é inconciliável com a natureza das combinações gasosas cujas moléculas encontram-se em estado de dissolução completo.

O calórico é a fonte de toda elasticidade; mas seus efeitos diferem nos sólidos e nos fluidos, pois aí ele se encontra combinado de uma maneira oposta. O calórico (ou, antes, o movimento) absorvido pela matéria nos sólidos comunica às suas formas uma ação que se manifesta por fenômenos de flexibilidade e de extensibilidade. Ao contrário, nos fluidos, o calórico mantém a matéria em dissolução, e a impede de se deter em alguma forma, aí mantendo, em todos os sentidos, um movimento interior que aí propaga os sons; daí a vibratilidade de uns e a sonoridade dos outros.

Os líquidos encontram-se entre os sólidos e os fluidos; estão em um estado de luta perpétua, e o movimento aí trabalha para dissolver a matéria que, de seu lado, tende incessantemente a se aglomerar; de modo que as vibrações aí se metamorfoseiam em ondas, e a propagação dos sons que aí se formaria se veria interrompida a cada passo. Examinem a água quando ela passa ao estado de congelamento, suas moléculas aglomeram-se, assumem uma forma e a elasticidade, por flexibilidade, se manifesta. Exponham essa água congelada à ação do calor, o movimento aí aumenta; ela perde sua forma tornando-se líquida, mas suas moléculas ainda conservam alguma continuidade material[9]. Enfim, aumentem o calor e façam a água passar ao estado de vapor, o movimento que ela adquire aumenta seu volume e divide prodigiosamente suas partes; sua continuidade cessa, a elasticidade por compressibilidade se manifesta, e com ela, a sonoridade[10].

Assim, nos sólidos a vibratilidade dos corpos depende do estado de continuidade das moléculas materiais que os formam, ao passo que nos gases, a sonoridade é devida à continuidade do movimento, que aí mantém a matéria em dissolução. A experiência da percussão dos tubos de ferro fundido parece-me não ter provado nenhuma outra coisa,

[9] É esse resto de continuidade que dá aos líquidos a propriedade de formar ondas. Uma forte compressão, expulsando o calórico, congela os líquidos, onde ele é retido em vez de ser materialmente combinado.

[10] A formação da sonoridade e a propagação dos sons seguem a progressão da vaporização da água, donde podemos concluir que a sonoridade é particular à elasticidade gasosa.

a não ser que as vibrações sonoras haviam percorrido mais rapidamente o metal do que a propagação no ar dos sons primeiramente produzidos.

Acabamos de ver que as vibrações dos tubos de ferro fundido se propagam mais rapidamente que as ondas líquidas, e até que os sons no ar; o que não ocorreria se a mesma causa determinasse em toda parte a comunicação dos abalos; mas sua rapidez para os sólidos segue seu poder de agregação e diminui com sua materialidade, ao passo que, nos fluidos, a velocidade aumenta progressivamente até a luz, à medida que a materialidade desaparece.

A sonoridade é uma propriedade específica das combinações gasosas, e as vibrações dos corpos sonoros apenas a manifestam. As percussões de uma campainha colocada sob o recipiente da máquina pneumática, não deveriam ter deixado nenhuma dúvida a esse respeito, pois elas provam que o som se extingue à medida que o vazio se forma, e renasce com o retorno do ar. Na verdade, nessa experiência, continuamos a ouvir o som quando aproximamos o ouvido de uma haste metálica em comunicação com as vibrações; mas isso não anula as consequências anteriormente deduzidas, e apenas prova que um novo som se forma no ar que o tímpano do ouvido contém.

O que me parece enfim demonstrar completamente que as vibrações não são sons, é o fato de um surdo, que as percebe com extrema delicadeza, permanece, entretanto, alheio às sensações da sonoridade[11]. Talvez digam que é preciso ouvidos para ouvir, como é preciso olhos para ver; é precisamente o que me convenceu que as vibrações não são sons, pois o cérebro as recebe, independentemente dos ouvidos, e delas transmite à alma sensações bem diferentes.

Temo ter discutido muito longamente o sistema da formação e da propagação dos sons, cujas insuficiência e presunção me parecem evidentes; mas assim abreviei o exame da hipótese das ondas luminosas, que deve seu nascimento à criação das ondas sonoras, e suscita as mesmas objeções. Os cientistas desdenharão a simplicidade dos meus raciocínios; mas eu os dirijo principalmente aos homens alheios aos sistemas da física, e meu intuito é de colocá-los em estado de julgar quanto as especulações do gênio se afastam algumas vezes das vias da razão comum.

[11] As vibrações de um diapasão colocado sobre a cabeça de um surdo lhe dão a sensação dos tremores produzidos; mas ele não ouve nenhum som.

Capítulo VI
Sobre fluidos imponderáveis, a luz e a formação das cores

Nas teorias físicas tudo recebe indistintamente o nome de matéria; entretanto a maioria dos cientistas atribui a luz, o calor, a eletricidade e a atração a fluidos materiais que, como eles admitem, não têm nenhuma das propriedades da matéria, e que eles chamam de fluidos incoercíveis, imponderáveis, discretos etc. Eles supõem, no espaço, um éter universalmente propagado, cuja presença nada em repouso anuncia, mas que abalos, de diferentes ordens, manifestam em certos casos.

Os corpos luminosos, dizem os físicos, possuem moléculas em qualquer estado de vibrações; disso resulta, no fluido etéreo, ondas de todas as grandezas. Aquelas cujo comprimento varia de seis a quatro milésimos de milímetros são luminosas; maiores, elas são caloríficas, e menores, elas possuem uma ação química. Todas essas ondas se propagam com igual velocidade por um processo não indicado[12]*; mas a diversidade das cores é explicada pela variedade no comprimento das ondas luminosas. Os corpos, dizem, parecem brancos quando eles refletem todas; eles parecem pretos quando as apagam e, quanto às cores propriamente ditas, elas resultam de efeitos intermediários. Tal é a atual teoria dos físicos.

Alguns cientistas ainda imaginaram no éter dois fluidos, cuja separação produz fenômenos de atração e repulsão magnética. Todas essas explicações repousam em hipóteses situadas em uma região em que o senso comum vulgar raramente se eleva, e que, em consequência, poucas pessoas apreciam.

[12] * Provavelmente, porque o comprimento é compensado pela velocidade, como na explicação da igualdade da propagação dos sons.

Quando se tratava da sonoridade, o ar e as vibrações dos corpos haviam oferecido uma base real, sobre a qual a imaginação podia trabalhar; porém, para explicar as propriedades da substância luminosa, foi preciso criar um fluido etéreo, ondas, aparelhos vibratórios e impulsos de toda espécie, pois aqui tudo faltava, e as hipóteses apresentadas têm como apoio apenas a força dos raciocínios que as criaram. Ainda é conveniente observar que os físicos não indicam a causa produtora dos impulsos que o fluido etéreo receberia. Assim, as explicações são bem incompletas com o sistema dos cientistas, pois, seguramente, essa causa entraria, ao menos pela metade, na formação das ondas luminosas.

Em física, fala-se sem cessar de fluido, sem bem definir a natureza da fluidez; todavia, é certo que os fenômenos atribuídos aos fluidos sofrem uma sequência de movimentos, cuja rapidez vai aumentando até a luz, onde ela para como na sua origem.

De acordo com a ciência, a luz e o calor resultariam da diversidade do comprimento das ondas do fluido etéreo; mas, como é aliás reconhecido que toda fluidez é devida ao calórico, perguntamo-nos a que atribuir, então, a fluidez do éter, pois é evidente que o calórico não seria a sua causa, já que, ao contrário, o calor seria um produto de certas ondas etéreas. Assim, na hipótese imaginada para explicar os fenômenos luminosos, seria necessário, primeiramente, enriquecer a natureza com um modo de fluidez desconhecido. Não parece que teria sido mais simples reconhecer um elemento na luz do que criar um para explicá-lo?

As vibrações dos corpos sólidos resultam de sua continuidade material; elas sobrevivem ao impulso que as produziu, e se prolongam em razão de sua força de elasticidade. Como elas teriam uma inconcebível rapidez no éter, cujas moléculas seriam tão divididas, e como a luz devida às ondas de um fluido eminentemente elástico se apagaria subitamente com as vibrações do corpo luminoso? Esses fenômenos são inconciliáveis com a natureza da elasticidade conhecida. Dir-se-á que a existência das ondas sonoras revelou nos fluidos um novo modo de elasticidade? Mas a realidade das ondas sonoras não é mais bem estabelecida do que a das ondas luminosas, e, certamente, basear uma hipótese nova sobre uma hipótese precedente é dar chances ao erro e nada consolidar.

Os físicos explicam os pontos negros ou faixas obscuras que se formam em certas experiências sobre a luz pela destruição de movimento resultante do encontro, em sentido oposto, de ondas luminosas que se neutralizam. Parece, entretanto, que em um meio eminentemente elástico, tal encontro deveria produzir um choque cujas ondas jorrariam em maior quantidade; tal é, ao menos, a ideia disso que os líquidos nos dão.

Os corpos parecem negros quando eles absorvem a luz; mas o movimento dos raios solares não se extingue, pois, a seguir, esses corpos irradiam o calor em razão daqueles que os penetraram, o que prova que a substância luminosa tem uma existência própria e não se limita aos efeitos produzidos. Em física, nunca se estudou o movimento senão nos impulsos recebidos. Se Newton tivesse reconhecido que os raios solares eram o movimento in natura, ele teria explicado os fenômenos de difração e de inflexão, e não teria imaginado a teoria dos acessos.

Podemos rever o que eu disse, ao tratar da sonoridade, sobre a uniformidade necessária do comprimento das ondas que se formam em um meio homogêneo; isso se aplica em todos os pontos ao fluido etéreo. Não obstante, admitindo a diversidade das ondas luminosas à qual são atribuídas as cores, parece que disso deveria resultar alguma alteração na imagem dos corpos que a luz nos transmite. Seja como for, podemos nos surpreender com o fato de que os físicos tivessem pensado em encontrar a causa das variedades das cores nos diferentes comprimentos das ondas de um fluido, quando nossas sensações nos ensinam que não existe qualquer analogia entre as cores dos corpos e sua extensão.

As experiências do prisma provaram que os raios solares contêm todas as cores, e a ciência nisso fez uma admirável descoberta; porém era preciso concluir que a luz se fixava nos corpos, já que eles eram coloridos. Essa dedução teria sido simples como as vias da natureza, e tanto mais fácil de constatar, na medida que a combustão desses mesmos corpos reproduz, destruindo-os, a luz que neles se encontrava fixada. Os cientistas, ao contrário, não viram na coloração senão um fenômeno de reflexão, que eles explicam muito engenhosamente, pois é raro que a verdade proceda com tanta sutileza. Podemos, além do mais, nos assegurar que as cores existem simultaneamente na luz e nos corpos. Realmente, ao iluminarmos, por exemplo, um corpo amarelo com raios vermelhos, ele nos parecerá alaranjado, ou seja, com sua cor própria misturada com a da luz que o ilumina. Logo, as cores existem, ao mesmo tempo, na luz e nos corpos.

Se, de acordo com essa experiência, considerarmos como demonstrado que é a luz que colore os corpos neles se fixando, será necessário também reconhecermos que a luz é uma substância, e que o movimento é de sua essência, já que um movimento comunicado se extinguiria ao parar, e que a luz escapa da combustão com a rapidez que ela possuía ao chegar na Terra.

Tudo indica, ademais, que a substância luminosa se fixa nos corpos, pois mais a luz é abundante, mais, na natureza, a coloração é viva; ao passo que ao contrário, os vegetais se estiolam no escuro, e o próprio sangue perde sua cor nos homens que vivem muito tempo nas minas subterrâneas.

Enfim, é certo que a atração age sobre os raios solares que fletem e abandonam sua primeira direção para virem encontrar a Terra; logo, a luz é uma substância, pois não conceberíamos a influência que a atração exerceria sobre as ondas acidentais de um fluido sempre igualmente propagado, tanto em repouso como em movimento.

Terminarei essas observações lembrando que é à criação das ondas sonoras que a criação das ondas luminosas é devida; que elas repousam sobre a mesma base, e que assim não devemos separar, na apreciação dos fenômenos, o exame da teoria da sonoridade do exame da luz. Certamente, todas essas hipóteses manifestam um raro mérito naqueles que as imaginaram; todavia, creio ter provado que elas são dignas de pouca confiança. Reconheço que os cientistas não as apresentam como verdades absolutas, mas apenas como probabilidades. Entretanto, elas possuem um tal crédito junto deles, que se tratava seriamente de fazer entrar a resistência do éter no cálculo da marcha dos cometas, como se, admitindo-se essa hipótese, teria existido um meio vazio de fluido para servir de termo de comparação.

Além disso, podemos considerar as altas teorias físicas como um luxo da ciência, que nada tira de seus trabalhos úteis. Creio já ter dito o suficiente para mostrar quanto as criações do gênio são arriscadas. Agora, vou, sem recorrer às hipóteses, tentar explicar os principais fenômenos da natureza com a ajuda do senso comum.

Capítulo VII
Ideia geral sobre os elementos e o sistema do universo. Exame da formação dos principais compósitos e de suas propriedades, procedendo do simples ao composto, de acordo com a marcha da natureza

Os cientistas primeiramente haviam tomado os corpos compostos para tentar remontar, a seguir, pela análise, aos princípios das coisas. Esse método conduziu-os, ao chegarem aos elementos, a criar hipóteses; e, pouco importa o mérito do homem, ele corre muito o risco de se enganar, fazendo-se assim criador.

Os elementos não se explicam: logo, precisamos nos limitar a constatar suas propriedades, a fim de mais tarde podermos deduzir as dos compostos. Procedendo dessa forma, evitaremos as hipóteses, pois as explicações ulteriores serão encontradas em germe nos primeiros passos da ciência.

Acabo de examinar o caminho percorrido pelos cientistas a partir dos sólidos até a hipótese imaginada para explicar a luz. Tentarei agora seguir a marcha da natureza, descendo do exame das propriedades da substância luminosa à formação dos sólidos.

Apenas o aspecto do universo revela dois princípios, pois ele apresenta astros de duas espécies.

Com efeito, se examinamos o sistema no qual a Terra se encontra situada, o Sol atinge primeiramente nossos olhares: imóvel no centro da revolução dos planetas que circulam ao seu redor, ele é a tocha do mundo, a fonte do movimento e da vida e, na ordem física, a imagem da divindade.

Se dessas considerações gerais chegamos ao exame

do que se passa sobre nosso globo, o Sol parece nele espalhar o elemento luminoso, e a Terra fornecer o elemento opaco. Essas ideias são simples; e estão de acordo com nossas sensações. Por que continuar a confundir, sob a denominação comum de matéria, dois princípios que a natureza tão nitidamente separou? Seria por respeito às antigas tradições? Mas, ao contrário, desde o início os povos separaram a ideia de matéria da ideia da luz, saudando o Sol com seus gritos de admiração. As tradições da mais alta Antiguidade nas Índias, no Egito e na Grécia estão de acordo a esse respeito, e é o que conduziu um cientista a ligar ao astro do dia a origem de todos os cultos (DUPUIS, *l'Origine de tous les Cultes* [*Origem de Todos os Cultos*]).

Os livros dos hebreus não são menos explícitos a esse respeito, pois lemos no livro de Gênesis: "No princípio criou Deus os céus e a terra. A terra era sem forma e vazia; e havia trevas sobre a face do abismo, mas o Espírito de Deus pairava sobre a face das águas. E disse Deus: Haja luz; e houve luz".

Não se pode explicar mais claramente que a luz é uma criação específica, bem diferente da matéria; é notável que ela precedeu a do Sol, que só ocorreu no quarto dia. Com efeito, a substância luminosa, esse princípio universal de vida, não podia pertencer particularmente a um só astro, já que ela devia comunicar o movimento a todos; mas ela devia se reunir em um núcleo único, criado ao mesmo tempo para propagá-la e atraí-la eternamente[13]*.

As ficções do paganismo não deixam nenhuma dúvida sobre o que se pensava então da substância luminosa. A fábula de Prometeu, que vai roubar um raio do Sol para animar Pandora, nos ensina que a luz era considerada como o princípio da vida, e essa foi a fé de toda a Antiguidade. As provas a esse respeito são muito numerosas e muito comuns para que haja necessidade de citá-las. Entretanto, a filosofia moderna não quis nelas ver senão imagens poéticas, sem importância no estudo das ciências.

A voz da natureza indica-nos também o Sol como a fonte da vegetação. Em toda parte o movimento se manifesta com os progressos da luz e decresce com ela; daí a agitação dos dias e a calma das noites, e daí também o despertar da natureza na primavera e seu torpor durante o inverno. Nós próprios sentimos a agitação dos raios

[13] As estrelas têm, de algum modo, um movimento de sístole e de diástole que se manifesta pela cintilação, e que só se torna sensível quando elas se aproximam do horizonte.

solares aquecer nossos corpos ao penetrá-los, e os vemos ao nosso redor penetrar e aquecer a Terra, unindo-se aos vapores que ela exala. É fácil seguir a substância luminosa no trabalho da vegetação, e de constatar que a combustão das árvores e das plantas, a seguir, apenas libera a luz da qual seu mecanismo havia se apoderado.

Assim, o aspecto do universo, as antigas tradições, a fé da Antiguidade, todos os livros sagrados, a observação da natureza e nossas próprias sensações se reúnem para ensinar-nos que a luz é uma substância e que devemos aos raios do sol o movimento e a vida.

Como a ciência chegou a ignorar uma verdade tão bem fundamentada? É porque ela estudou a natureza de trás para frente, e que, procedendo do fim ao começo, ela tomou os efeitos por suas causas, o que a conduziu a suprimir a substância luminosa em proveito de um fluido elástico que ela criou no espaço. A natureza oferece-nos dois princípios, a luz e a matéria; devemos um ao Sol e a Terra fornece-nos o outro. Eles estão destinados a se unir em todos os compostos; porém, antes de falar destes, é conveniente nos fixarmos sobre as propriedades essenciais desses dois elementos.

A matéria é inerte. Suas propriedades são conhecidas; elas foram cuidadosamente estudadas, e a experiência constatou que ela resiste aos impulsos por causa de sua massa: podemos, pois, com alguma razão, considerá-la, na física, como o elemento do repouso e da tangibilidade. Creio ser supérfluo alongar-me sobre o assunto.

A luz também foi admiravelmente observada nesses fenômenos; mas a sua causa permaneceu desconhecida, e os esforços dos cientistas para explicá-la só serviram para mostrar sua impotência. Primeiramente, pensaram que os raios do dia eram provenientes de uma emissão solar. Euler foi o primeiro a duvidar disso, porque ele julgou que essas emissões contínuas acabariam por esgotar o sol; mas em toda a parte a natureza renova seus meios, recomeçando o mesmo círculo, e a Terra reenvia ao astro do dia, desembaraçando-se pelos seus polos, os raios que ela recebera em grande quantidade entre os trópicos.

A luz é intangível, como o pensamento, sem gravidade e sem forma; ela percorre, em oito minutos, a distância de trinta e quatro milhões de léguas que nos separa do Sol. Essa rapidez prodigiosa pertence aos raios solares, ou é devida a um impulso recebido? É certo que tal movimento comunicado seria inconcebível, e parece que a natureza das emanações luminosas o recusaria. Aliás, se o movimento não fosse a essência dos raios solares, ele se extinguiria detendo-se nos compostos; e, entretanto, a luz artificial o reproduz da mesma forma, e nada indica na combustão uma força impulsiva tão extraordinária. Vemos, ao contrário, a luz se desprender dos corpos, como um elemento, seguindo os graus de sua decomposição. Além disso, o movimento luminoso não varia, e deveria se modificar na luz artificial, se ele fosse devido a uma profusão de aparelhos vibratórios diferentes. Portanto, somos necessariamente conduzidos a reconhecer que o movimento pertence à essência do elemento luminoso: as mais antigas tradições no-lo indicam, toda a natureza o proclama, e nossas sensações no-lo atestam. É, além do mais, uma verdade que as experiências confirmam, e que me parece tão bem fundado quanto alguma daquelas que a física ensina[14]*.

De fato, reunindo os raios solares e submetendo à sua ação um jarro cheio de água, vemos que logo a agitação nele se declara, o vapor se forma, uma parte do movimento se encontra parada, e é isso que produz a elasticidade dos gases, da qual, a seguir, designamos a causa com o nome de calórico latente. Podemos, por um raciocínio em sentido inverso, tirar a mesma prova da experiência do isqueiro pneumático, pois a chama, que a compressão libera do ar, não é outra coisa senão a luz que aí parou ao entrar em estado de combinação.

Creio ter demonstrado suficientemente que a luz é um elemento da natureza, e por conseguinte é preciso necessariamente concluir que o calórico é apenas um nome dado à sua presença nos corpos em estado de combinação. Quanto ao calor, é a agitação que o movimento apresenta na matéria quando a ela se liga: podemos considerá-lo como o trabalho que precede a formação ou que acompanha a destruição dos compostos. Toda combustão produz calor, e este tende necessariamente a se pôr em equilíbrio, pois o movimento iniciado na matéria se espalha de todos os lados, até que ele escape ou se combine; mas ele só se torna luminoso quando está inteiramente livre; até então seus efeitos se aproximam progressivamente dos efeitos da luz; de modo que um calor intenso atravessa o cristal

[14] O movimento e o repouso são desigualmente repartidos na natureza; tudo indica que eles são devidos a dois princípios físicos combinados de diversas maneiras. É digno de nota o fato de que nunca os cientistas puderam indicar a causa do movimento.

que deteria um calor insignificante.

Devemos aos raios solares a luz e o calor; mas uma é o efeito da expansão do movimento fora da matéria, e o outro, é apenas um nome dado à agitação que eles levam à matéria ao se ligarem a ela. Decorre daí que quanto menos os raios solares encontram de matéria, mais sua luz é brilhante; ao passo que, ao contrário, o calor cessa quando a matéria vem a faltar. É por essa razão que à medida que nos afastamos da Terra, a luz aumenta e o calor diminui. É certo que em uma grande altitude os aeronautas sempre encontram um frio muito vivo, e que, nas altas montanhas, a neve não se funde em nenhuma estação[15].

Assim, para separar os raios solares do calor que eles produzem, basta isolá-los das emanações terrestres: é o que a arte obtém sob o recipiente da máquina pneumática, e que ocorre naturalmente nas alturas pela rarefação do ar[16]. A experiência prova que a combustão espalha menos calor nos locais elevados, como se observa no Tibete. Além disso, apreciaríamos mal o calor do sol por aquele que ele nos causa; pois ele resulta, na Terra, de uma mistura que provavelmente não existe na fonte do movimento.

A luz da lua é pálida e sem calor, talvez porque ela retém os raios mais apropriados a se combinar, ao passo que ela nos envia os menos dispostos a se ligar na matéria; por motivo inverso, a luz artificial deve, em quantidade igual, produzir mais calor do que a luz natural.

A agitação que a substância luminosa produz na matéria cessa quando ela se encontra envolvida na formação de um composto; mas se, por uma causa qualquer, a ação dos raios solares aí se torna mais potente que a união formada, eles se desprendem, e o corpo se destrói pela combustão. Uma vez iniciada, esta age pouco a pouco, e caminha em razão da fragilidade da união atacada. Certos corpos, na combustão, dão mais luz, e outros mais calor, pois a luz aumenta em razão da quantidade de raios colocados em liberdade; porém, a ação do movimento, para penetrar a matéria, modifica-se por uma profusão de circunstâncias[17], e é ela que produz o calor.

Os raios do sol oferecem o movimento em sua pureza,

[15] Nos lugares fechados, explicamos a diferença de temperatura pelas correntes que se formam no ar; mas isso é sem aplicação ao ar livre, onde, em uma grande altitude, as variações são quase nulas.

[16] A água congela-se sob o recipiente da máquina pneumática quando se forma o vácuo.

[17] Um fogo escuro, como o do carvão, produz mais calor do que um fogo claro, talvez porque ele materializa mais a ação do movimento sobre os corpos.

ao passo que não encontramos em lugar nenhum a matéria sem mistura de movimento. Entretanto, concebemos dificilmente o movimento em substância, e supomos, ao contrário, com facilidade, o repouso absoluto nos sólidos, pois o pensamento sempre pode liberar os corpos de uma agitação emprestada; contudo, é impossível imaginarmos o repouso na luz, porque ela resulta da ação do movimento sem materialidade. Sentir essa ação é ver, é tocar imaterialmente, por seu intermédio, o que a própria luz tocou. Assim é preciso órgãos dotados, como os olhos, de uma afetibilidade extraordinária para receber suas impressões. A visão coloca nossa sensibilidade em relação com uma infinidade de objetos distantes, e a rapidez das sensações a esse respeito prova que o agente que as proporciona não poderia ser material. Além disso, seria necessário que a substância luminosa não tivesse corpo, para que sua incomparável velocidade não quebrasse todos os que ela encontrasse, e eis porque um agente imaterial devia se interpor entre os objetos que vemos e as impressões que nossos olhos deles recebem.

Os raios luminosos chegam até nós e são refletidos com a mesma rapidez, de modo que se trata de uma luz artificial; o instante de obscuridade é indivisível daquele em que ele se apaga. Enquanto o sol permanecer no horizonte, essas emanações se sucederão, e sua expansão faz o dia continuar; mas desde o momento em que ele desaparece, uma parte foi absorvida, a outra refletida, a expansão cessa e a noite estende seus véus.

Os corpos planetários, levados pelo movimento, mas retidos pela atração, circulam sem parar no mesmo círculo. O mesmo não ocorre com os raios luminosos; sua natureza os lança indefinidamente no espaço, onde seu encontro, a distâncias variadas, produz acidentalmente o que chamamos de estrelas cadentes. Parece que esses encontros, formando-se por massa, podem produzir centros de atração luminosos, que se renovam durante algum tempo, mas que acabam por se esgotar por falta de alimentação regular. Esses fenômenos apresentam, durante sua duração, todas as aparências de estrelas verdadeiras, com as quais eles foram confundidos[18]. Uma surgiu na época de

[18] Segundo a Gênesis, a criação da luz é anterior à do Sol, é uma substância específica da qual o Sol é apenas o receptáculo. De fato, parece que os sóis, em suas relações com os planetas, sempre enviam e recebem a mesma quantidade de movimento; porém isso não pode acontecer com as aglomerações luminosas que se formam acidentalmente no espaço, e se extinguem por falta de alimentação.

Hiparco e duas outras mostraram-se depois: a primeira em 08 de novembro de 1572, e a segunda em 30 de setembro de 1604; ambas brilhavam com uma resplandescência extraordinária, e sua duração foi de dezesseis a dezoito meses. Os cientistas declararam que eram sóis apagados, aos quais a queda de algum cometa havia devolvido momentaneamente sua incandescência; porém a coincidência de sóis apagados, que se encontram justamente na rota de um cometa, oferece pouca probabilidade, quando nenhuma observação constata sua existência, pois só resta como resultado um fenômeno real e duas hipóteses criadas para explicá-lo. O que há de certo, é o que a observação constata, ao contrário, que a duração das verdadeiras estrelas não tem limites conhecidos, e que nenhum astrônomo viu em 1572 e em 1604 os cometas cuja existência havia sido hipoteticamente suposta.

Disseram também que no cerco de Tróia uma estrela das Plêiades desapareceu; porém esse fato, que parece fabuloso, não basta para que possamos seriamente dele concluir a extinção de um sol, que tenha acarretado o aniquilamento de um universo. Certamente, há alguma coisa grandiosa nessas altas especulações, em que o homem, apossando-se dos astros, procura calcular a duração do seu imenso futuro, ele, cuja existência na Terra conta com tão poucos dias; mas elas inflamam a imaginação, e nosso julgamento se perde facilmente a partir do momento em que ele abandona as observações positivas.

Aproximando dois carvões, situados no vácuo e colocados em comunicação com os polos opostos da pilha voltaica, vemos suas superfícies brilharem com a mais viva luz, sem nenhuma diminuição em sua substância. Essa experiência levou a supor que a luz do sol poderia também ser uma luz elétrica que não consumiria o astro do qual ela emana. Essa opinião parece-me errônea, pois a brilhante claridade manifestada naquela ocasião é devida, não à decomposição do carvão, mas àquela do fluido elétrico que escapa dos polos voltaicos. Com efeito, esse fluido é de todos os compostos aquele em que os raios solares entram em maior quantidade, e, por conseguinte, compreendemos que sua decomposição pode produzir a mais viva luz. Essa explicação deve bastar àqueles que admitem, o que creio demonstrado, que a substância luminosa é um elemento.

Foi a destruição dos corpos pela combustão que nos persuadiu que ela era necessária à produção dos fenômenos luminosos; mas ela não tem aplicação razoável ao Sol, no qual tudo se explica naturalmente, tendo-se como certo que a luz é um princípio das coisas.

A luz e a matéria são a origem do movimento e da consistência dos corpos, e somos rodeados, na Terra, apenas por compostos formados por sua união. Suas variedades são inumeráveis; podemos, entretanto, classificá-las em três classes: os fluidos, os líquidos e os sólidos. Nos fluidos o movimento contém a matéria em dissolução; ele a agita sem parar, e a impede de se deter em alguma forma[19]; nos sólidos, ao contrário, a matéria absorve o movimento, que ela encerra nas formas que adotou; quanto aos líquidos suspensos em um estado intermediário, um pouco mais de movimento os vaporiza, um pouco menos os solidifica.

O primeiro composto que a luz forma ao se unir à matéria é conhecido com o nome de fluido eletromagnético; é a porção do elemento do movimento de que a Terra se apropria para dele fazer seu motor particular; é, de algum modo, sua vida, pois ele a penetra e a percorre sem cessar. O excesso de movimento faz desaparecer a matéria nesse composto; entretanto sua velocidade está longe de igualar-se à da luz, já que ela só faz nosso globo percorrer vinte e cinco mil léguas por hora.

O fluido elétrico só rompe os corpos mais sólidos porque neles entra a matéria, ao passo que com a luz toda espécie de choque é impossível, pois aí tudo é movimento.

A substância luminosa é inapreensível; mas o fluido elétrico oferece alguma conexão, a máquina elétrica dela se apodera, e podemos encerrá-lo em um tubo de vidro. A luz elétrica, como todas as luzes artificiais, é produzida pela expansão dos raios solares que se desprendem do fluido.

Todos os movimentos da Terra são devidos aos raios solares; e se ela conservasse todos eles, eles se acumulariam e rapidamente a dissolveriam; porém, ela os absorve e os exala em quantidade sempre igual. Nosso globo recebe a substância luminosa, principalmente entre os trópicos, e, após tê-la usado, dela se desembaraça pelos polos magnéticos; donde as correntes magnéticas e a direção da agulha imantada que se torna vertical nos dois pontos em que o fluido deixa a Terra; daí, ainda, o acúmulo de eletricidade e as frequentes auroras boreais que observamos

[19] Trata-se, aqui, principalmente dos gases. Falarei, em particular, dos fluidos incoercíveis, dentre os quais podemos classificar a vida.

nessas regiões. Parece ser fácil reconhecer que o fluido eletromagnético não é mais do que uma transformação da luz, já que ele percorre a Terra precisamente na direção que o movimento deve tomar, após tê-la penetrado, e penso que a esse respeito todas as dúvidas desaparecerão desde que for evidente que a luz é um elemento. De resto, os polos magnéticos (ou seja, os dois pontos de partida do fluido) estão em contato com o círculo que o Sol descreve sobre a Terra; de modo que podemos considerar o eclíptico, que divide o globo em dois hemisférios, como um equador cujo eixo termina nos polos magnéticos, e que difere daquele da rotação diurna, em razão das etapas que o sol percorre ao passar de um trópico a outro.

Originalmente, os polos magnéticos se confundiam provavelmente com os da rotação diurna, pois a Terra, da qual os raios solares são o único motor, deveria regularmente girar sobre o eixo dos dois pontos pelos quais eles escapavam; disso resultaria a igualdade dos dias e a perpetuidade da mesma estação. A diferença entre os polos magnéticos e os da rotação diurna parece, pois, uma anomalia devida a uma perturbação[20] que a ação das correntes magnéticas que percorrem nosso globo deve insensivelmente suprimir[21].

A ação do Sol aumenta a intensidade das correntes magnéticas, e serve para explicar as variações diurnas e anuais da agulha imantada[22]. Quanto ao galvanismo (que é apenas um modo de eletricidade), ele apresenta uma grande quantidade de fenômenos que os corpos vivos oferecem, e foi certificado que as mudanças de temperatura bastam para fazer com que os corpos assumam estados galvânicos diferentes.

A atração manifesta no corpo uma força que não pode pertencer à inércia da matéria. O Sol é o seu centro; ela parece resultar da ação da luz, cuja afinidade eletiva com a Terra deve agir, a seguir, nos compostos na proporção de sua massa e de sua distância[23]. Sabemos, além disso, que o fluido elétrico atrai o ferro e uma infinidade de outras substâncias, e parece-me demonstrado que a substância luminosa domina essencialmente nessa combinação, em

[20] Essa perturbação pode ser o resultado do choque de um corpo celeste.

[21] Suspeito que é a essa causa que devemos atribuir a oscilação da Terra sobre seu eixo.

[22] Conseguiu-se, na Inglaterra, imantar uma agulha, fazendo cair sobre ela raios luminosos violeta, separados da luz por meio do prisma.

[23] Não devemos esquecer que o Sol é o centro da atração do nosso universo.

que a matéria desaparece com o excesso do movimento.

Os seres organizados, destinados a crescer e a perecer, apenas possuem a vida propriamente dita; entretanto, existe uma analogia notável entre a vida humana e os fenômenos de eletromagnetismo. A Terra o forma apoderando-se dos raios solares que a penetram, e tornam-se a causa de seus movimentos. Eles se detêm em uma infinidade de combinações, e são exalados formando o ar atmosférico que circunda nosso globo, como uma espécie de transpiração.

O homem forma também sua vida com os raios solares que ele extrai do ar, que sua respiração decompõe. Esta nutre o organismo, circulando com o sangue, e produz a transpiração insensível na qual o corpo se encontra mergulhado como em uma atmosfera individual.

O movimento domina na composição do ar; ele aí se manifesta por fenômenos de elasticidade, e mantém uma circulação interna que forma sua sonoridade e propaga os sons.

Os corpos sonoros produzem o ruído e o som proporcionalmente ao fato de sua ação ser mais ou menos importante sobre a materialidade ou sobre a força expansiva do ar. As vibrações da gaita servem-se quase exclusivamente desta última, e como ela deve seu movimento à luz, que também forma o do fluido nervoso, e disso resultam sensações muito penetrantes e muitas vezes irritantes. Por meio de um efeito oposto, o ruido material do canhão faz, algumas vezes, jorrar o sangue dos ouvidos[24].

Os ventos agem, igualmente, sobre a parte material do ar, e é digno de nota que, levando o som mais longe, ele não o impede, tanto quanto a explosão do canhão, de se estender em todos os sentidos com sua velocidade habitual.

O movimento, que se encontra em estado de continuidade no ar, aí propaga os sons bem lentamente, se for comparado com a marcha dos raios solares. Entretanto, ele é devido à mesma causa, e os fenômenos da sonoridade têm a maior analogia com os da luz.

De fato, os raios luminosos cruzam-se sem se prejudicar; eles podem ser refletidos como os sons, e, em certos casos, parece que os sons, como a luz, podem ser submetidos à polarização e à dupla refração.

A luz apresenta sete cores, como a sonoridade oferece sete notas, e os sons encontram-se repartidos na ordem

[24] Devo lembrar aqui a experiência do isqueiro pneumático, em que a compressão coloca a luz a nu, agindo exclusivamente sobre a parte material do ar.

das cores; quer dizer, que a extensão das faixas coloridas do espectro solar têm, entre si, as mesmas relações que os intervalos que separam os sons na gama menor

As cores só aparecem na luz quando um acidente de refração as mostra; da mesma forma a sonoridade só se torna sensível no ar quando um acidente de vibração a manifesta.

A sonoridade tem de particular o fato de vinte instrumentos afinados produzirem vinte sons de naturezas diferentes; isso se deve ao fato de que, na formação dos sons, as vibrações de cada corpo sonoro agem mais ou menos materialmente sobre o ar, de onde resulta as proporções variadas do barulho e do som, o que dá um caráter particular ao efeito produzido por cada instrumento. A substância luminosa, unindo-se à matéria, leva aos compostos o movimento que lhe é próprio. Nós a vimos circular com os fluidos nos quais ela domina, repelir a compressão nos gases e agitar as moléculas dos líquidos que não podem se deter em nenhuma forma. Nos sólidos, ao contrário, a matéria domina, e a ação dos raios solares, encerrando-se na forma dos corpos, comunica-lhe a força de voltar sobre si mesma, quando uma força estranha a interrompeu. Tal é a causa da elasticidade dos sólidos, e a têmpera dos metais nos oferece sua prova. Como, com efeito, conseguimos dar ao ferro a grande elasticidade que ele adquire ao se transformar em aço? Deixamo-lo em brasa, depois, mergulhando-o em um líquido, forçamos, pelo resfriamento súbito de suas moléculas exteriores, uma maior quantidade de calórico, a combinar-se no metal. O contrário acontece quando, a seguir, submetemos o aço à ação do fogo; pois o calórico superabundante que a têmpera ali havia fixado escapa, e nada mais resta do que a elasticidade do ferro[25]. Não falarei dos líquidos; sabemos que um aumento de movimento os faz passar ao estado gasoso, e que uma diminuição os solidifica.

Acabo de expor a teoria dos principais fenômenos da física, servindo-me das propriedades da luz para explicar o calor, o fluido eletromagnético, a sonoridade dos gases e a formação da elasticidade, tanto nos fluidos como nos sólidos. Esse sistema, em sua simplicidade, não admite nenhuma hipótese, ao passo que, ao contrário, as altas

[25] Não devemos esquecer que, em todos os corpos, o calórico latente não é mais do que a luz em estado de combinação. Veremos mais tarde que a excitabilidade muscular é apenas um tipo de elasticidade formado pela vida que é, ela própria, apenas formada por uma combinação da luz.

teorias atuais só repousam sobre hipóteses criadas pela necessidade de explicação, que elas satisfazem apenas imperfeitamente, pois não chegam ao verdadeiro nó da dificuldade, que consiste em explicar a produção dos movimentos primários.

Certamente, cometi erros nos detalhes; mas tenho a convicção íntima de que estou certo no geral, e ouso afirmar, ao contrário, que se a ciência está certa nos detalhes, ela está errada em todas as suas altas teorias. E como seria diferente? Ela sempre estudou a natureza no sentido contrário, indo dos compostos para os simples, o que necessariamente a conduziu a procurar, nos efeitos conhecidos, a explicação das causas ignoradas que se apresentariam mais tarde. Foi então que os cientistas recorreram a essa infinidade de hipóteses que nada provam além do rumo errado dado aos trabalhos daqueles que os criaram. Mostrarei, ao terminar, que a analogia que conduziu a explicar a luz pelas ondas de um fluido elástico é um forte motivo para pensar que ela contém em si o princípio da elasticidade.

Não devemos esquecer, tampouco, que a teoria para a qual peço o exame, baseia-se no aspecto do universo, nas tradições da mais alta Antiguidade, nos livros sagrados e, enfim, em nossas próprias sensações. Foi-me necessária uma convicção bem profunda para me determinar a combater, com a ajuda da simples lógica, as altas teorias da física, pois os preconceitos sobre os quais a razão triunfa mais dificilmente, são sempre os da ciência; porém, para julgar a direção dada aos primeiros estudos, faço apelo ao senso comum, anterior aos trabalhos dos cientistas, e que deve ter guiado seus primeiros passos.

Não pretendi ministrar um curso de física, mas pareceu-me indispensável dar uma ideia dos elementos da natureza, antes de explicar a formação da vida humana, pois estou convencido de que o pouco progresso que o estudo do homem fez até aqui é devido ao seu isolamento da física, ao qual, além do mais, as teorias fantásticas não lhe ofereceriam nenhum apoio sólido. Tenho pressa de chegar ao objetivo especial a que me propus. Creio, entretanto, dever ainda dizer uma palavra sobre um sistema de geologia que parece geralmente adotado, e cujas explicações se ligam, em alguns aspectos, à psicologia fisiológica.

Supõe-se que a Terra, em sua origem, foi fluida, pois uma massa fluida estender-se-ia no sentido do eixo de sua rotação, e se inflaria sob o Equador. Ora, dizem, nosso globo tem precisamente essa forma, logo, originalmente, ele foi fluido.

Uma grande quantidade de experiências atesta que, a uma certa profundidade, o calor da Terra varia pouco; ela aumenta aproximadamente um grau centígrado a cada trinta metros; ora, esse calor não tem relação com a influência dos raios solares em sua superfície, logo, a Terra possui particularmente um calor originário proveniente de um núcleo central, pois ele aumenta à medida que penetramos mais longe.

De tudo isso, alguns cientistas concluíram que nosso globo bem poderia ser um sol encoberto, que o frio deve, um dia, tornar inabitável.

Tal opinião não me parece bem fundamentada, e, entretanto, não duvido que a Terra não tenha mais calor internamente do que na sua superfície; pois ela se apropria do elemento luminoso, e o trabalha, para torná-lo seu motor particular: é, de algum modo, sua vida, e toda vida produz o calor. Estaríamos enganados em supor que a influência da luz solar sobre os planetas se limita às suas superfícies, já que o fluido elétrico e as correntes magnéticas que ela forma percorrem a Terra em todas as suas profundezas. As liberações de eletricidade, tão frequentes nos calores de verão, provam suficientemente que o fluido elétrico não é, de fato, senão uma transformação dos raios luminosos superabundantes ou mal absorvidos. É a vida da Terra que escapa para o exterior. Não falarei dos vulcões; posso garantir que o calor animal escapa, também, de todos os pontos de irritação que ocorrem na superfície do corpo.

Considera-se o aplainamento da Terra nos polos e seu arredondamento no Equador como um resultado de sua rotação quando ela estava no estado fluido; porém seu movimento diurno é apenas de nove mil léguas por dia; ao passo que sabemos que outro movimento de vinte e três mil léguas por hora a arrasta ao redor do Sol. Imagina-se que o efeito do primeiro movimento, comparativamente tão diminuto, deveria ter desaparecido inteiramente sob a influência do segundo, quanto à forma que um globo fluido teria recebido. Assim, a Terra não deveria, de acordo com a hipótese feita, ter a figura elipsoide que ela apresenta; mas ela apresentaria uma configuração diferente, e disso concluo que ela sempre foi sólida.

O calor dilata os corpos, e em mecânica é reconhecido

que a dilatação dos raios de uma roda retarda seus movimentos; de modo que, se a Terra foi incandescente, ela era nessa época mais dilatada, e consequentemente, sua rotação devia ser menos rápida e seus dias mais longos. Entretanto, observações astronômicas provam incontestavelmente que, há dois mil anos, o dia sideral não variou um centésimo de grau. Foi verificado que essa mínima variação não foi ultrapassada; mas nada prova que ela tenha sido atingida. Assim, é estabelecido, com toda certeza que as observações dos homens podem dar, que há dois mil anos a Terra tem o mesmo movimento diurno e, consequentemente, o mesmo volume e o mesmo calor. Parece-me, pois, quase demonstrado que o calor do nosso globo sempre foi o que ele é hoje.

Essa conclusão está de acordo com o que eu disse anteriormente sobre a causa dos movimentos e do calor da Terra, pois se ela os deve aos raios do sol, que ela recebe e exala em quantidades sempre iguais, seu calor e sua atividade devem permanecer invariáveis[26].

Os sistemas nos quais o pensamento assim se lança, seja no passado, seja no futuro, são, geralmente, mais engenhosos do que sólidos. Entretanto, a observação parece-me fornecer nesse gênero algumas induções baseadas em grandes probabilidades. É presumível, por exemplo, que o aparecimento da espécie humana na Terra não remonta a muito mais de sete mil anos, e que, anteriormente, esse planeta já era habitado pelos outros de animais, dos quais algumas espécies desapareceram. Disso podemos induzir que a estada dos homens neste mundo deve ter um termo mais ou menos remoto[27].

---

[26] Os cálculos dos quais me servi foram extraídos do *Annuaire du Bureau des Longitudes*, 1834, art. do senhor Arago.

[27] Ver-se-á, na sequência desta obra, que ao estabelecer a linha de demarcação entre o homem e os animais, dou as razões que me fizeram pensar que a Terra não é nossa verdadeira pátria, ao passo que ela me parece ser a dos outros animais.

Ensaio de Psicologia Fisiológica

Segunda Parte

Capítulo I
Prova da existência da alma humana e de sua imaterialidade

O sistema de física que acabo de expor é o fruto de uma longa série de observações; ele me parece simples, como deve ser o da natureza, e seu desenvolvimento exclui as hipóteses. As ideias principais que lhe servem de base são tão antigas quanto o mundo; elas pertencem a todos os homens, e na sequência nada farei além de deduzir suas consequências, aplicando-as à psicologia fisiológica. Mas antes de explicar as relações da alma com o corpo, é conveniente examinar os principais argumentos daqueles que negam sua existência, e de opor-lhes os motivos de minha fé na dualidade de nosso ser na Terra.

Segundo os materialistas, o ser espiritual, que não teria extensão material, não poderia agir sobre um corpo, e aquilo a que chamamos alma é apenas o produto do mecanismo orgânico. Eles apoiam essa opinião na marcha progressiva da natureza, que avança da elasticidade dos metais à contratilidade vegetal das sensitivas, para chegar, enfim, à sensibilidade animal. Eles ressaltam que os organismos seguem, também, uma marcha progressiva, passando dos vegetais aos animais, daqueles de sangue frio aos de sangue quente, e daqueles em que o sistema nervoso começa a se formar, até o homem, que encerra a cadeia dos seres. Em que, aliás, – dizem eles – nós diferimos dos outros animais? Eles pensam e agem como nós, nós nascemos e morremos como eles.

Tais são os principais argumentos dos materialistas. Vou discuti-los; também exporei os motivos da minha convicção pessoal, e ver-se-á, na continuação, que uma profusão de fenômenos parece justificá-la.

Afirmar que um ser espiritual não poderia agir sobre a matéria, é suprimir a dificuldade sem resolvê-la. Nós vimos, no exame das teorias físicas, que a luz, embora materialmente intangível, age, entretanto, sobre a matéria, e disso devemos concluir que ao formar a vida humana ela pode fornecer à alma um intermediário que a coloca em contato com o organismo. Em vão, supõe-se que a inteligência é um produto orgânico; também é inconcebível que com a matéria se possa fazer o pensamento, pois o mais engenhoso mecanismo não poderia mudar a natureza das coisas.

De fato, o pensamento não pertence nem aos raios do sol, nem à matéria, e pretender fazê-lo resultar de sua reunião, não é mais apelar para a razão, mas é propor à nossa fé um mistério tão inconcebível como algum daqueles que já foram apresentados.

Dois elementos físicos se unem na formação dos corpos; porém por mais variadas que sejam suas combinações, elas nunca produzem nada além de agitações dentro e impulsos fora, pois é tudo o que se pode obter com a matéria e o movimento. Há uma grande diferença no que diz respeito às sensações e aos pensamentos; a razão é forçada a confessá-lo, e a reconhecer no homem um ser sensível e inteligente, que julga de acordo com suas sensações comparando-as na unidade do seu eu[28].

A natureza avança, é verdade, por progressões programadas, e parece ter-se testado no organismo dos outros animais antes de chegar ao do homem. Eles possuem conosco, inúmeras analogias, mas pretender julgar de acordo com eles o princípio de nossa inteligência, é abandonar a base de nossos conhecimentos e procurar colocá-la em seres desconhecidos. Parece-me evidente que em nenhum lugar podemos estudar tão bem nossa alma do que em nós mesmos, e que todos os nossos julgamentos sobre a alma dos animais se reduzem a comparações conosco. Aliás, onde se encontrou a prova de que os animais não possuem alma? Seria nas opiniões arriscadas sem exame e lançadas levianamente nas discussões por um zelo religioso mal compreendido? Mas quando se procura a verdade e não o triunfo de uma opinião, é preciso abandonar concessões irrefletidas e se ligar de preferência ao fundo do que à forma da discussão.

[28] Foi dito que existia no cérebro um fluido que secretava o pensamento. Essa imagem, que apresentaria uma alma sob um novo aspecto, parece-me muito mal inventada, pois o mecanismo necessário para operar uma secreção não está de acordo com a natureza dos fluidos.

De fato, a que leva a negação da alma dos animais, aceita como prova do vazio da alma humana? Ela não lança qualquer luz sobre a questão, e se limita a evidenciar o erro que os adversários dos materialistas cometeram, afirmando que os outros animais não têm alma.

Parece que certos filósofos, comparando o homem com o animal, procuraram menos as dissemelhanças do que as aproximações. Colocaram a distinção na extensão da inteligência e, comparando um animal inteligente, como um cão, com um homem estúpido, tal como um cretino, a seguir eles se perguntaram onde se encontrava a superioridade[29]. Ignoro se tais questões têm como intuito a descoberta da verdade, mas elas me parecem pouco adequadas a atingi-lo. É, aliás, menos a superioridade da inteligência que nos distingue dos outros animais, do que a diferença das relações que a ligam às necessidades do organismo.

De resto, tentar-se-á, em vão, confundir o homem com o animal, pois a natureza traçou entre os animais e nós uma linha de separação que não se pode ignorar, e que nos classifica em uma ordem muito particular. Nos homens, a inteligência comanda e dispõe do corpo como de um instrumento, o qual ela usa à sua vontade; nos animais, ao contrário, é o organismo que domina, e a inteligência se ocupa apenas em satisfazer suas necessidades e seus apetites. Daí, a perfectibilidade humana, e o estado estacionário dos animais. Com efeito, a uniformidade dos produtos é a consequência forçada dessa submissão às necessidades de um corpo, as quais sempre repetem. Assim, as andorinhas constroem hoje seus ninhos como elas os construíram outrora, e como elas construirão sempre[30].

Deus, ao enviar ao mundo dos corpos um espírito independente, e colocando um organismo material à sua disposição, deu-lhe o domínio da Terra, na qual o homem apareceu há cerca de sete mil anos. Os outros animais, que o antecederam, submeteram-se à sua dominação, pois ele foi o rei da criação, no momento que a vida colocou à sua disposição instrumentos próprios a subjugá-lo. Os animais, precisamente pelo fato de seu organismo os possuir, tiveram que sofrer o jugo do homem, que possuía o seu e podia

[29] A estupidez do cretino é muito provavelmente o resultado de um abuso que, nas gerações anteriores, as almas fizeram dos corpos submetidos ao seu domínio.

[30] Se perguntassem por qual disposição mecânica as andorinhas constroem seus ninhos de forma diferente da toutinegra, eu responderia que ignoro; porém a questão não está aí, está na uniformidade constante dos produtos por cada espécie.

dele dispor para agir com superioridade sobre o deles[31].

Assim, Deus, armando de órgãos materiais uma inteligência livre, e chamando-a na Terra, nela colocou toda a criação sob suas leis. Certamente, o uso que o homem faz desse benefício muitas vezes o tornou funesto. O suicídio é uma triste prova disso e, entretanto, esse repúdio da vida não é mais do que um ato de submissão absoluta do organismo a uma vontade que o força a se destruir.

O corpo humano está longe de ter permanecido o que ele foi quando de sua criação, e a liberdade que temos de dele dispor, como quisermos, alterou-o singularmente. As gerações que se sucederam pesaram, a esse respeito, umas sobre as outras, com todo o peso de sua independência. Os filhos colheram os frutos amargos das loucuras, das paixões e dos vícios de seus pais, e um dia, eles os transmitirão àqueles que eles chamarão para a Terra. Daí, a variedade infinita das formas humanas e uma das causas das inúmeras doenças que nos afligem. Uma infinidade de organismos agora traz, ao nascer, germes de destruição, e quase ninguém atinge o fim da existência comum fixado pela natureza[32]. Nos animais, ao contrário, as formas variam pouco, e as doenças são raras, pois sua inteligência serve sempre da mesma maneira necessidades sempre uniformes; porém, quando eles passam para nosso domínio, eles não vivem mais para seu organismo, mas para nós. De fato, no estado de domesticidade, arrancamos os animais de sua natureza para submetê-los às nossas fantasias; assim, suas formas se alteram, e suas doenças se multiplicam. O que admiro na educação que se consegue dar aos animais, é a habilidade dos adestradores de se apoderar da força do corpo sobre a inteligência de seus alunos, para desviá-la de suas vias, e fazê-los obedecer às vontades do homem. Vimos cães, tais como Munito, Fido e Bianco, calcularem exata e rapidamente; mas, devolvam-nos ao estado selvagem, abandonem sua inteligência ao domínio do organismo, e essa ciência emprestada desaparecerá, e Munito, Fido e Bianco recomeçarão a caçar e a fazer o que os outros cães fizeram e farão para sempre.

Parece-me evidente que os animais são submetidos

[31] Não é à forma dos órgãos, mas à independência de sua vontade que o homem deve seu poder sobre os animais, e esse poder lhe será disputado pela espécie, qualquer que seja, que também será chamada a possuir um organismo ao invés de por ele ser possuída.

[32] A extensão da vida dos mamíferos terrestres é, geralmente, de sete vezes o tempo de seu desenvolvimento; o que, considerado 15 anos para o homem, dá cento e cinco anos para o curso comum da vida humana.

aos apetites aos quais o homem é chamado a comandar. Seu corpo possui sua alma, e a nossa orienta o destino do corpo que ela governa. A primeira consequência dessa ordem de coisas é que os outros animais devem, forçosamente, permanecer estacionários, ao passo que os homens, ao contrário, são essencialmente progressivos. De fato, como já observei, o assujeitamento da inteligência a um organismo do qual todas as necessidades sempre se repetem, deve produzir, em cada indivíduo, produtos quase idênticos; ao passo que, ao contrário, a inteligência que possui o organismo deve variar seu uso e multiplicar, assim, a diversidade dos produtos. Daí, o estado estacionário dos animais e a perfectibilidade do homem.

A diferença das línguas é uma prova disso, pois se a inteligência humana não fosse destinada senão a servir as necessidades do organismo, a linguagem dos povos, como a dos animais, em toda parte teria sido a mesma; mas cada um se serve do órgão da fala e modifica seus sons de acordo com sua fantasia, e a diversidade das palavras responderia à das vontades, se a necessidade de comunicar seus pensamentos não necessitasse do uso de uma linguagem comum. Assim, a dispersão dos homens sobre a Terra deve ter multiplicado os idiomas[33], e podemos afirmar que é a escrita e sobretudo a impressão que fixaram as línguas; e quanto, ainda, elas não variam a cada dia? Nos animais, a uniformidade da linguagem seria um fenômeno inexplicável se ele não encontrasse sua solução no assujeitamento de sua inteligência a um organismo que dela exige sempre os mesmos serviços.

A palavra que leva para fora de nós a expressão viva de nossos sentimentos e de nossos pensamentos é uma necessidade da alma, que ela satisfaz ao dispor habilmente a aptidão de nossa voz para produzir sons e articulações. Não falta o órgão para os animais, e entretanto, nunca elas falarão, pois seu organismo não tem uma necessidade que possa comandar tal serviço; assim sua voz apenas expressa apetites ou sofrimentos; é o grito do prazer ou da dor.

O canto dos pássaros possui melodia, mas ele sempre se repete da mesma maneira; é uma necessidade que a estação dos amores renova a cada primavera. O homem, criando a música, não se limitou a variar até o infinito as

[33] Pretenderam explicar a diversidade das línguas, na Bíblia; mas a diversidade das escritas também teria necessidade de explicação, se ela não fosse a consequência natural do emprego variado que inteligências livres devem fazer dos órgãos que a vida coloca à sua disposição.

modulações de sua voz; ele ainda fez cantar uma infinidade de instrumentos, e produziu, com a melodia e os acordes, efeitos apropriados para emocionar a alma, e que apetites físicos não poderiam inspirar.

As mesmas observações aplicam-se à arte de escrever, arte talvez mais admirável do que a palavra, pois o instrumento que a inteligência aí emprega é uma criação que lhe pertence inteiramente. Como! – dizia um selvagem a um explorador dos desertos americanos – essas palavras, expressões tão fugitivas dos meus pensamentos, poderão ainda, por meio das linhas que traças, repetirem-se sobre a Terra, muito tempo depois que eu não estiver mais aqui. Tais são, na verdade, as maravilhas da escrita; ela nos permite conversar com aqueles que não mais existem, transmitindo-nos vivos os pensamentos das gerações que nos precederam na Terra. A pintura, a escultura, em suma, todas as artes e todas as ciências provam que a inteligência do homem dispõe à sua vontade dos órgãos e, como os conhecimentos adquiridos com esses instrumentos tornam-se próprios da alma, ela pode transmiti-los de geração em geração e recuar, assim, os limites do saber.

Nos animais, ao contrário, o aperfeiçoamento é impossível, já que sua inteligência, escrava assujeitada às necessidades do corpo, não tem por si mesma nenhuma inspiração e, em consequência, não possui qualquer conhecimento seu. Nessa ordem das coisas, os tempos passam sem trazer mudança, pois as gerações só se transmitem dos organismos semelhantes, cujas necessidades se reproduzem sempre iguais. A alma dos animais parece ligada desde sempre à Terra, por isso mesmo ela nada mais faz do que servir aos apetites do corpo e zelar pela sua conservação. Nossa alma, ao contrário, parece chamada momentaneamente para este mundo; ela sente que tem outra pátria e, no aparecimento das gerações humanas que sucessivamente possuíram a Terra, todas aqui deixaram traços de sua independência. É digno de nota que a febre do poder, desconhecida dos outros animais, trabalha sem cessar nossa espécie; assim nunca o homem desenvolveu mais inteligência do que na arte da destruição, e a guerra sempre foi objeto de suas mais profundas meditações. Nada direi sobre a diversidade de nossas roupas, nem de nossas casas, cuja arquitetura varia sem cessar; porém, não posso silenciar totalmente sobre os governos e as leis, não apenas exclusivamente reservados à espécie humana, mas que são para ela uma necessidade.

Imagina-se que entre os animais, nos quais o organismo determina as ações de cada indivíduo, não há lugar para nenhuma lei convencional, pois é a natureza física que tudo decide; mas, desde que, ao contrário, a inteligência dirija os apetites, é preciso que leis convencionadas regulamentem as relações dos espíritos independentes e rejam suas associações. Assim, os animais, como os vegetais, só conhecem como reguladores as atrações orgânicas; ao passo que os homens, nos quais o físico obedece, os governos são uma necessidade, seja porque instituídos para a felicidade geral, seja porque tenham como objetivo a vantagem de alguns, pois, em todos os casos, a vontade que comanda deve se manifestar aos povos que ela rege[34].

Acabo de expor qual é, na minha opinião, a verdadeira linha de demarcação traçada entre os animais e nós. Pouco importa que em certos indivíduos a inteligência seja mais ou menos desenvolvida. Alguns fatos isolados não mudam as leis da natureza, que assujeitam os animais às necessidades de seu organismo; ao passo que o homem comanda o seu, e não aparece um momento na Terra senão para aí reinar como soberano.

Além disso, não vejo o que poderia merecer a confiança que muitas pessoas têm no sistema dos materialistas, pois a matéria é o que ninguém conhece; é uma palavra sobre a qual se discute há séculos, e que não é, como resultado, senão uma etiqueta ligada na física à ignorância das causas.

Sentir e pensar são faculdades do ser espiritual; elas só existem porque ele existe e o organismo apenas lhes empresta sua ajuda para colocá-las em contato com o mundo material. Se a inteligência pertencesse ao corpo, como ela separaria seus produtos do tempo e das circunstâncias em que ele está colocado? Como a alma viveria (pois para ela viver é sentir) em um passado que não mais existe, ou em um futuro que ainda não existe? Como as ficções da imaginação poderiam excitar nossa sensibilidade a ponto de arrancá-la da materialidade presente, para arrastá-la a regiões que não existirão jamais?

Tudo neste mundo assinala no homem a dualidade de seu ser; os movimentos de sua fisionomia disso oferecem a prova completa, quando externam sentimentos contrários

[34] Swedenberg afirma que mesmo nos infernos existem governos, e deve ser assim, pois é um resultado da natureza da alma humana que não muda.

aos que o agitam interiormente, pois se a vontade assim faz os traços mentirem, é porque ela pertence a uma inteligência distinta do organismo do qual ela dispõe. Daí essas perfídias mudas, mais enganosas que a palavra, e que seriam impossíveis se a alma não estivesse unida ao corpo por um intermediário que lhe obedece.

Que fazemos nós, com efeito, dando ao nosso rosto uma expressão oposta aos nossos sentimentos? Separamos o estado de nosso ser moral daquele de nosso ser físico. É, pois, evidente que eles são, distintamente, dois, e que o laço que os une faz um executar as determinações do outro[35]*. Esse laço é a vida; apenas ela nos abre o mundo material, emprestando-nos o uso dos órgãos corporais dos quais a morte nos priva mais tarde, de modo que nossa alma não conserva, a seguir, nenhum meio de contato direto com a Terra.

A existência do homem neste mundo apresenta, pois, àquele que quer estudá-la, uma divisão natural: a alma, a vida e o corpo.

A alma é um ser simples, já que é comparando suas sensações na unidade do seu eu que ela adquire todos os seus conhecimentos. Quanto ao corpo e à vida, eles são compostos, e para estudá-los é preciso remontar aos elementos que os formam.

[35] * A morte dá fim, no homem, a essa dualidade de ser, e a alma, devolvida à sua simplicidade, possui apenas uma fisionomia que ela não pode ocultar; e, nesse sentido, a mentira se torna impossível para ela.

Capítulo II
Noções naturais sobre a existência de Deus

Quando procuramos penetrar a origem das coisas, o pensamento de um Deus criador surge naturalmente em nossas meditações. O homem, impressionado pelo espetáculo que o universo descortina aos seus olhos, pergunta-se quem pode ser o autor de tantas maravilhas. Ele sente que um acaso cego não pôde produzir os movimentos regulares e periódicos dos astros. A ordem e a imensidão das obras supõem uma inteligência infinita, unida a um poder sem limites. A razão O reconhece, e nosso coração, de acordo com ela, eleva-se em direção ao seu autor para proclamar a existência de Deus. A alma humana sente que ela é criada para adorá-Lo, pois ela nisso encontra uma felicidade inefável; ela O admira na aparência dos céus, e, julgando a divindade pelas faculdades que a fazem conhecê-la, considera-a como a bondade e a inteligência supremas.

Tais são nossas noções sobre a natureza de Deus. A razão nos diz ainda que Ele é essencialmente infinito; mas ela não nos ensina o que é o infinito, pois, em todas as coisas, essa palavra é apenas um nome dado aos limites de nossas concepções, é um abismo que nossa inteligência não pode transpor, e do qual temos apenas uma ideia negativa.

As maravilhas da criação revelam à fraqueza humana o que ela pode conceber sobre a imensidão do criador. Que homem, em um belo dia, contemplará sem admiração a majestosa unidade do sol, esse centro de vida e de luz? Que homem, no silêncio das noites, elevará seus olhares para essa infinidade de estrelas, cujos raios chegam até nós, sem ficar impressionado com a ordem invariável que rege essa criação sem fim? À visão da quantidade prodigiosa dos sóis brilhantes no espaço, a imaginação assusta-se com a quantidade dos que nos oculta a fraqueza de nossos olhos. O pensamento se perde na imensidão, e a alma, oprimida pela presença do infinito, não mais encontra a si mesma, e parece aniquilada diante desse grande espetáculo. Para sair desse estado de anulação, o homem, que acaba de escapar dos seus próprios olhares, tem necessidade de se elevar para Aquele que lhe dá o sentimento e o pensamento. É adorando de todo o seu ser o ser infinito que o criou, que o homem, repleto de suas nobres faculdades, sente que está sempre em presença de Deus, e reconhece que a maravilha da criação dos globos nada tem de tão sublime quanto a criação da alma humana.

De fato, os astros, privados de inteligência, não são, em suas trajetórias eternas, senão insensíveis testemunhas do poder que os criou. A alma humana, ao contrário, poderosa e livre em sua vontade, usufrui de si mesma e das outras; ela abraça a imensidão em seu pensamento, e possui seus semelhantes por seu amor e o próprio Deus pela adoração.

Capítulo III
Faculdades da alma humana

Sentir e pensar são faculdades que nossa alma exerce na Terra enquanto a vida a retiver em um corpo. Tais faculdades são espirituais, e, devido à sua natureza, diferem tanto das propriedades da matéria, que o acesso lhes será impossível sem o auxílio dos órgãos. Sem eles, com efeito, todos os esforços da vontade não perturbariam um átomo.

A alma humana parece, pois, uma estranha na Terra, retida em um mundo novo. O corpo lhe empresta órgãos para percebê-lo, e a vida lhe dá o meio de deles fazer uso. Mas ao abrir-lhe o mundo material, ela lhe fecha o mundo espiritual, pois, neste mundo, a sensibilidade da alma, envolta na vida, só recebe as sensações devidas às impressões que ela lhe transmite. Nessa ordem de coisas, a inteligência, preocupada com a natureza dos objetos que doravante a afetam diretamente, ilude-se e não concebe existências além das quais suas novas sensações a colocam em contato.

Entretanto, as faculdades espirituais, que não têm qualquer ação imediata sobre a matéria, manifestam, por isso, uma natureza essencialmente diferente. Os metafísicos talvez tenham, em seus estudos, multiplicado demais as distinções; daí resultaram uma linguagem geralmente obscura e sutilezas cansativas. Não entrarei nesses pormenores, e somente mostrarei na alma duas naturezas de sensibilidade.

Com efeito, a faculdade de sentir possui dois usos; ela nos torna aptos para receber sensações, e capazes de amar e de odiar. Só sentimos afeições quando as pessoas podem nos devolvê-las, e nada nos inspiraria na Terra se não se encontrassem perto de nós seres suscetíveis de paixões.

É a vontade de servir ou de prejudicar que desenvolve em nossos corações uma vontade análoga; e essa troca de sentimentos, embora só se manifeste, neste mundo, por intermédio dos corpos, também não só pertence exclusivamente às almas.

No estudo da psicologia, é necessário distinguir bem o uso dessas duas naturezas de sensibilidade, pois as sensações da sensibilidade sensual nos chegam de fora, ao passo que as emoções da sensibilidade moral nascem interiormente. As primeiras são devidas à ação do corpo sobre a alma, e, as segundas, à reação da alma sobre o corpo. A vida, servindo-lhe de intermediária, divide-se, assim, em duas modificações, das quais uma pertence ao movimento orgânico, e a outra obedece à vontade.

A primeira dessas modificações vitais é conhecida com o nome de *fluido nervoso*. Ele coloca nossa sensibilidade sensual em relação com a afetibilidade orgânica e, como já disse, ele abre por aí nossa faculdade de conhecer o mundo dos corpos e a fecha ao mundo espiritual. O contrário acontece no momento da morte; assim, de repente a Terra desaparece aos nossos olhos, e nossa alma reencontra sua verdadeira pátria.

Enquanto estamos neste mundo, nossa sensibilidade sensual, envolta no fluido nervoso, só se exerce por ocasião dos objetos terrestres, dos quais ele traduz as impressões em sensações que nossa alma recebe imediatamente[36]; ao passo que as emoções da alma, comunicando-se com a vida, são traduzidas em movimentos físicos para o corpo.

Além disso, reconhecer-se-á, por menos que se queira refletir sobre o assunto, que a união de uma alma com um corpo não podia ser feita sem associar, de um lado, a sensibilidade sensual à afetibilidade orgânica e, de outro, sem dar à sua vontade um meio de agir sobre a matéria. Assim, para alguém que reconheça a dualidade de nosso ser, a necessidade das duas modificações vitais que acabo de mostrar está demonstrada. Essa divisão conduz a uma observação da qual podemos, creio eu, tirar um ensinamento útil; pois as duas naturezas que o homem aqui na Terra reúne se refletem na vida que lhe serve de comunicação.

Com efeito, as emoções da sensibilidade sensual, de-

[36] Essa tradução não é sempre bastante rápida para não deixar perceber um intervalo, e, geralmente, até a alma, para bem compreender a impressão orgânica, é obrigada a examiná-lo várias vezes. É uma das causas que distinguem os homens possuidores de respostas vivas daqueles com reflexão lenta.

vidas às relações do corpo com a alma, portam, em seus excessos, um presságio de destruição que manifesta a lassidão que os segue; ao passo que o amor, o ódio, a ambição e todas as paixões, reagindo da alma sobre o corpo, parecem, em sua energia, não conhecer limites, e dão-nos o sentimento de imortalidade.

As sensações da sensibilidade sensual ligam-nos à Terra, e limitam nossos desejos aos interesses materiais da vida; nossas afecções morais, ao contrário, com frequência nos fazem esquecê-los e nos atingem por vezes com tanta força, que uma morte repentina é o seu resultado, pois é assim que morremos de dor ou de prazer[37]. O homem, cuja inteligência desenvolveu-se no estudo das altas ciências devido à sensibilidade sensual, tais como a matemática e a astronomia, concebe dificilmente, via de regra, a espiritualidade de sua alma, ao passo que aquele que as afecções morais dominam a sente mais e a compreende melhor. Isso se deve ao fato de que o primeiro nutre seus pensamentos nas relações do corpo com a alma, e o segundo nas relações da alma com o corpo[38].

A sensibilidade sensual é passiva, e nossa vontade tem pouco domínio sobre as sensações que ela nos proporciona, pois o fluido nervoso, ao qual nós as devemos, está submetido às leis de uma circulação orgânica que pertence exclusivamente ao corpo.

A sensibilidade moral, ao contrário, é ativa; ela recebe a influência da vontade e lhe obedece até um certo ponto, de modo que podemos dirigir seu emprego, seja nos entregando a ela, seja rejeitando-a.

O amor, o ódio e todas as nossas paixões são diferentes usos que fazemos de nossa sensibilidade moral. Nossos pensamentos a excitam e a alimentam, e a vontade do homem pode, assim, dispor dela nos sentimentos que ele prefere, e recusá-la aos outros, dos quais, com o tempo, ele acaba por se tornar incapaz.

Sentir, é existir passivamente; mas amar ou odiar, para a alma humana, é viver, é fazer um uso ativo de sua existência; e a alma é livre, não de existir (pois ela é imortal), mas

[37] Li, nos *Annales de Médecine* [*Anais de Medicina*] que tendo um pai perdido, na flor da idade, a filha única que ele amava ternamente, quis vê-la uma vez mais antes que ela fosse enterrada; seus olhos fixaram-se imóveis sobre aquele objeto de dor, e ele caiu sem vida ao lado dela. A autópsia não revelou nenhum traço de lesão.

[38] As ciências exatas só procedem por uma aplicação seca e rigorosa da inteligência na exploração do mundo físico. O mesmo não ocorre na poesia e nas artes, que frequentemente se dirigem à sensibilidade moral.

de dar à sua existência o emprego que sua vontade determina. Esse emprego deve fazer, um dia, sua felicidade ou sua infelicidade; pois o estado da alma constitui o paraíso ou o inferno. Nós trazemos, na Terra, faculdades que nela se desenvolvem; nossos sentimentos formam nossa vida moral, nos pensamentos delas se apoderam e as excitam; mas nossa vontade, livre em sua escolha, decide-se pelo bem ou pelo mal, e por aí aumenta, em si mesma, os sentimentos generosos e bons, ou o egoísmo e a perversidade.

A memória é uma reação da inteligência sobre a sensibilidade; quanto mais ela for forte, mais as sensações reproduzidas terão vivacidade[39]. A alma sempre encontra em si os elementos necessários para retraçar os fatos e os lugares, e suas lembranças não têm, sob esse aspecto, outros limites além dos impostos pelo tempo e pela destrutibilidade dos órgãos. O mesmo não ocorre com a sensibilidade moral, cujas lembranças consistem em reproduzir a emoção dos sentimentos experimentados outrora, o que se torna impossível quando hábitos opostos os extinguiram em sua origem.

Um velho egoísta não mais se lembra das afeições generosas de sua juventude, e se sua memória lhe rememora ainda as circunstâncias de seus primeiros amores, esses estão despojados do charme que então os enobrecia. As ações que honraram os dias de sua primavera, lhes parecem sem motivos, e porque ele se tornou incapaz de sentir as afeições que outrora o determinaram, ele as encara como muitas loucuras, pois para o homem envelhecido, tudo se reduz ao que lhe resta.

Somos moralmente livres, e encontramos a prova disso em nossa própria consciência, pois sentimos nossa liberdade como sentimos nossa existência. Sob o aspecto da sensibilidade sensual, procuramos o prazer e fugimos da dor, e, consequentemente, o objetivo nunca é duvidoso; porém, podemos nos enganar na escolha dos meios, e é aí que se coloca o ato de nossa vontade; os outros animais participam desse gênero de liberdade, e é porque antes de agir que eles também têm uma ideia do que têm consecutivamente a esperar ou a temer, que conseguimos domá-los.

A sensibilidade moral cria para o homem um interesse

[39] Se existisse para a alma lembranças anteriores à formação do corpo, ela as conservaria em potencial; porém sua execução seria suspensa enquanto ela permanecesse neste mundo, pois o trabalho da memória é feito no cérebro, cuja afetibilidade seria estranha às sensações que se trataria de reproduzir. É por essa razão que os sonâmbulos, voltando à vida normal, perdem as recordações do estado lúcido.

de outra ordem; nós lhe devemos a ciência do bem e do mal, do justo e do injusto.

Os sofrimentos alheios afligem a alma humana porque ela encontra em si mesma um sentimento de amor pelos outros. Esse sentimento faz nossa felicidade e faz com que nos interessemos a todos os seres sensíveis; pois ele vai até os animais com uma bondade cheia de encantos; porém é sobretudo em nossas relações com nossos semelhantes que ele nos faz sentir seus doces abraços. Laços invisíveis, mas reais, unem todos os homens; partilhamos do seus sofrimentos desde que eles nos sejam conhecidos, e a consciência que nossa natureza nos dá os males que podem nos afligir, torna-se, para nós, a medida dos males que os outros têm a temer. Deus, colocando assim, na sensibilidade de cada homem um apreciador dos prazeres e das dores de todos, lhe dá o sentimento da igualdade de seus direitos, e a ideia do justo e do injusto. Somos naturalmente justos em tudo o que não nos concerne pessoalmente, porém, desde que nosso interesse nos coloca entre o amor por nossa individualidade e aquele de nossos semelhantes, temos uma escolha a fazer e, nessa escolha, somos iníquos, justos ou virtuosos.

Acabamos de ver como a vontade do homem se forma pelo uso de sua razão; porém com frequência acontece que nossas determinações precedem nossos julgamentos. Então, vemos nascer, tanto no bem como no mal, a prudência ou a imprudência, dependendo do que dominou nossas resoluções: a razão ou a imprevidência.

Limito aqui as reflexões que me forneceu um primeiro exame das faculdades da alma humana. Certamente, esse enunciado é bem incompleto; mas abro à exploração uma nova via, e as poucas palavras que eu disse me parecem bastar para assinalar seu ponto de partida. Vimos que nossa peregrinação pela Terra tinha por objeto determinar a natureza de nossos sentimentos: minha confiança em Deus me dá a esperança de que o princípio do mal pode assim se aniquilar, mas que o germe de um retorno ao bem nunca perece inteiramente.

Capítulo IV
Ideia geral da estrutura do corpo humano: seus movimentos são voluntários, orgânicos ou convulsivos

O corpo humano compõe-se de partes moles e de partes sólidas que lhe servem de ponto de apoio. Todos conhecemos sua estrutura externa. As carnes se dividem em porções separadas, que formam, individualmente, um músculo específico.

A estrutura óssea divide-se, igualmente, em vários ossos, comumente unidos por articulações mais ou menos móveis; a maioria dos músculos se liga por suas extremidades a diferentes ossos; esses músculos, ao se contraírem, encurtam-se; suas extremidades aproximam-se e, consequentemente, também os ossos aos quais elas estão fixadas: é por esse mecanismo que nossos membros executam seus diversos movimentos.

Nossa vontade age sobre os músculos apenas por meio dos nervos; estes são espécies de redes de cor esbranquiçada, análoga à substância do cérebro com o qual eles se comunicam, pois ele é o centro da circulação nervosa.

Os movimentos do corpo humano são voluntários, orgânicos ou convulsivos. A alma, por intermédio dos nervos, faz executar os movimentos voluntários; os movimentos orgânicos são devidos à ação da vida; e são chamados movimentos convulsivos todos aqueles que são determinados por qualquer causa de perturbação.

Os movimentos convulsivos manifestam-se em alguns vegetais, tais como as sensitivas; os movimentos orgânicos pertencem a todos os seres vivos; e quanto aos movimentos voluntários, eles são resultantes de uma determinação da alma e são apanágio exclusivo dos animais.

Capítulo V
Ideia geral da vida

A vida em si não é mais do que a porção do movimento elementar do qual cada ser se apoderou para dele fazer o motor de seu mecanismo orgânico e a causa do seu calor individual.

O movimento e a matéria se combinam em todos os corpos, e o calor é apenas o primeiro modo de agitação produzido por sua mistura; assim, ele se manifesta a partir do momento que os raios solares encontram a Terra, e todas as vezes que a combustão os libera de um composto. Expliquei anteriormente esse fenômeno, fazendo notar que era a luz em estado de combinação que os cientistas haviam designado com o nome de calórico latente, discreto etc.[40]

Cada ser, para compor sua vida, extrai da massa uma quantidade de movimento elementar conveniente para sua natureza particular, e produz, ao se apoderar dele, um calor que lhe é próprio, pois ele o forma modificando a substância luminosa, que ele individualiza para seu uso. O mesmo não ocorre com o calor exterior; ele penetra os corpos sem lhes pertencer e sem se tornar a força motriz do seu trabalho interno. O movimento do calor vital serve-se do mecanismo dos organismos para produzir a madeira das árvores e a carne dos animais. Considerados sob esse aspecto, os seres vivos oferecem uma incalculável variedade de fábricas, nas quais os raios solares modificam a matéria ao se combinarem com ela. De fato, é assim que todos os corpos desenvolvem e mantêm os sólidos e os líquidos com os quais são formados.

Cada organismo renova sua vida por uma decompo-

[40] O calor produzido pela combustão é essencialmente motor: disso é preciso concluir que o calórico latente era o movimento em estado de combinação. Se fosse de outra forma, de onde ele adquiriria a força impulsiva que sua expansão manifesta?

sição de misturas: um carvalho, por exemplo, apropria-se dessa forma de uma certa quantidade de raios solares que extrai do ar e da água que o alimentam. A circulação da seiva produz, a seguir, esses raios assim *vegetalizados* até que uma parte se fixa na formação da madeira, ao passo que a outra evapora os líquidos e espalha-se como uma espécie de transpiração com a qual a árvore é rodeada.

Ocorre o mesmo com o homem: decompomos o ar ao respirá-lo, nós o queimamos[41] para nos apoderar dos raios solares que ele contém e que a combustão desprende; eles se misturam e circulam com o sangue que os verte no sistema da nutrição dos órgãos, de modo que cada fibra recebe sua ação particular, à qual sua natureza a torna própria[42]. Uma parte do movimento assim *animalizado* fixa-se nos diversos produtos que o corpo humano fabrica, ao passo que a outra escapa, envolvendo-nos em uma atmosfera de vapores.

Cada organismo apodera-se de uma quantidade de movimento sempre igual; ela não pode, na decomposição das misturas, liberar nem mais nem menos, pois, a esse respeito, sua força é determinada por sua natureza[43]: assim, o calor vital dos indivíduos é suscetível de poucas variações; no homem, ele tem uma atividade avaliada de 30 a 32 graus.

Se o calor exterior está em harmonia com a ação da vida, ele favorece o jogo dos órgãos; mas quando ele é mais forte que a resistência de sua agregação, ele torna-se destrutivo, e o indivíduo morre. A morte ocorre, ainda, quando o frio é excessivo, pois ele extrai o calor vital à medida que ele se forma, e acaba por deter o movimento orgânico que o reproduz.

Como já disse, podemos considerar os seres organizados como várias fábricas cuja vida aciona o mecanismo e, sob esse aspecto, a vida não é outra coisa além da causa do movimento e do calor individual: ela é formada pelos raios

---

[41] O ácido carbônico que a respiração exala prova que se opera uma espécie de combustão no peito.

[42] A excitabilidade muscular é um gênero de elasticidade produzida, como a dos sólidos, pelo movimento que é combinado com a matéria na forma do corpo. A excitabilidade orgânica constitui a vitalidade do indivíduo; ela varia nos corpos, e isso é devido ao fato de que eles originariamente combinaram mais ou menos movimento durante a sua formação.

[43] Por essa razão, se o ar exterior tem uma temperatura mais elevada que a da vida humana, a respiração dele só extrai 32 graus, e forma o calor vital abaixo do da atmosfera; ao passo que se o ar é mais frio, ela dele libera sempre o movimento a 32 graus, e produz, consequentemente, um calor mais elevado: isso continua assim até que a intensidade do calor ou do frio chega ao ponto de destruir o organismo ou de parar seu mecanismo.

solares enquanto eles ainda circulam com os líquidos que eles evaporam[44]**, pois, desde que entraram na formação da madeira das árvores ou da carne dos animais, eles aí se detêm, o calor cessa, e eles não são mais a vida. Assim, a morte traz o resfriamento dos corpos, qualquer que seja a quantidade de raios luminosos que continuam a juntar em estado de combinação, e que a combustão pode deles liberar.

A vida propriamente dita é, pois, no homem, essa porção do movimento elementar animalizada na respiração, e que circula, a seguir, levada pelo sangue. É digno de nota que os livros hebreus também colocam a vida no sangue dos animais.

O organismo humano, como todas as máquinas imagináveis, encontra fora de si a causa de sua atividade interna; ele dela se apropria somente ao individualizar o movimento que sua respiração extrai do ar; ao passo que o mecanismo das máquinas inanimadas é acionado por um motor que lhe dá o impulso sem jamais se identificar com elas.

A simplicidade dessas explicações contrasta com a definição confusa que os fisiologistas dão da vida; segundo eles ela se compõe do conjunto do mecanismo das funções orgânicas: estranha confusão dos efeitos e das causas, que nos mostra os impulsos no lugar do movimento que os produz. Só se chega a semelhantes enganos com a ajuda de penívei esforços; mas é preciso renunciar às explicações ou apresentar os resultados como causas, quando a ciência se detém no mecanismo dos fenômenos. Foi assim que se conseguiu excluir a alma dos sistemas fisiológicos. Pareceria que determinadas pessoas empregam no estudo do homem a triste convicção de que o materialismo é sua história, ao passo que o espiritualismo seria apenas sua fábula[45].

Algumas pessoas confundem, ainda, o impulso vital com a ação espiritual, e supõem que devemos o movimento das funções orgânicas à presença da alma; mas no sono, quando a vontade abandona o corpo a si mesmo, cada um de nós pode ter certeza de que o jogo do mecanismo interno continua: aliás, os vegetais, como nós, também o possuem, e é evidente que a ação espiritual lhes é estranha.

[44] Os líquidos estão, por sua natureza, em uma espécie de estado de combinação imperfeita, cujo movimento escapa ininterruptamente.

[45] Com certeza. a verdade deve passar antes de qualquer outra consideração; mas dar antecipadamente ao estudo uma determinada direção, é prejulgar a questão no lugar de esclarecê-la.

Até aqui a física não oferecia nenhuma base sobre a qual se pudesse assentar a fisiologia, e os trabalhos desta se limitavam ao exame das formas e ao funcionamento dos órgãos; ela ignorava o que era a vida em si, e, entretanto, ela pretendia explicar as relações da alma com o corpo, como se fosse possível esclarecê-las sem conhecer a natureza do laço que os une.

Enquanto os cientistas se recusarem a remontar aos elementos, a fonte da vida não será mais bem conhecida em medicina do que a do movimento o é em física, e com muita frequência a arte de curar será reduzida a um verdadeiro empirismo[46].

Aqui na Terra a vida é para nossa alma um intermediário obrigatório; só ela coloca os objetos terrenos em relação com as faculdades espirituais, e, sem ela, por uma inevitável reciprocidade, a vontade não teria nenhum poder sobre os órgãos. A excitação dos aparelhos nervosos é apenas uma oportunidade de sentir, e não uma sensação, e a impressão que o órgão recebeu apenas provoca na alma uma emoção espiritual, chamada sensação.

A vida, propriamente dita, limita-se a produzir o movimento necessário para acionar o mecanismo dos organismos, o que não bastaria para reparar as perdas que eles têm; mas eles encontram nos alimentos que consomem uma substância que assimilam pelo trabalho da vegetação de uns e da digestão de outros. Os vegetais extraem da terra, do ar e da água o alimento que eles necessitam: alimentos tão simples não convêm aos animais; é preciso que os que eles comem tenham ao menos recebido uma primeira preparação no organismo vegetal.

O homem ingere os alimentos destinados à sua substância, depois de tê-los umedecido na boca e triturado sob os dentes; o estômago os recebe a seguir e os elabora para com eles formar o quilo; esse trabalho continua nos intestinos delgados, e diminui progressivamente ao se aproximar das últimas vias.

O quilo é levado por diversos canais até os vasos pulmonares, onde a sanguificação termina no aparelho respiratório; a seguir, o sangue circula saturado do movimento que ele extraiu na respiração: ele nutre todos os órgãos,

[46] Podemos julgar a solidez dos sistemas em medicina pelo número daqueles que se sucederam durante quarenta anos; quanto a mim, sem pretender atacar nenhuma teoria, penso que a única medicina útil deve se reduzir aos frutos da observação enquanto os princípios da natureza não forem mais bem conhecidos.

e é assim que ele mantém a vitalidade geral do corpo. O coração lhe dá uma excitabilidade particular que o faz se contrair todas as vezes que, ao se dilatar, ele recebeu, dos vasos pulmonares, uma nova porção de sangue; disso resulta uma alternância de dilatação e de contração que só cessa com a morte, e que em medicina é chamada de sístole e diástole.

O coração é o principal órgão da circulação sanguínea: duas espécies de vasos para isso concorrem, as artérias e as veias; umas recebem o sangue que o coração lhes envia, e o levam a todas as partes de onde as outras o levam ao coração[47]*. Nesse movimento contínuo, o sangue, percorrendo os diversos órgãos, lhes dá a vida e o alimento; ele volta enegrecido e enfraquecido, porém a respiração logo lhe devolve sua cor vermelha, enriquecendo-o com uma nova quantidade de raios solares.

Os alimentos que ingerimos servem materialmente para nos nutrir. A esse respeito, nossas perdas ocorrem bem lentamente, e se reparam da mesma forma. O mesmo não ocorre com a vida propriamente dita: ela se esvai com os vapores que exalamos, e o movimento orgânico a consome rapidamente; em consequência, somos obrigados a extrair incessantemente do ar, que decompomos, uma nova porção de movimento para individualizá-lo em nosso benefício. Assim, o trabalho da respiração não pode ser suspenso por muito tempo sem causar a morte, e somos forçados a acelerá-lo em virtude da quantidade de vida que dispensamos.

A combustão do ar que respiramos encontra-se, em certas enfermidades, diminuída ou momentaneamente suspensa, e a formação da vida e do calor sofre as mesmas alterações. Tal é a causa do frio que alguns enfermos sentem, seja continuamente, seja por intervalos. Estimulem uma pessoa febril, no momento do calafrio, a soprar com um canudo em um corante vegetal azul, a cor permanece quase a mesma; ao passo que seu sopro no período do calor o faz rapidamente passar ao violeta. Esse fenômeno provém da grande quantidade de ácido carbônico que se desprende quando da rapidez da combustão do ar no peito.

Essa experiência é bem simples; mas creio que ela

[47] As artérias levam o sangue no sistema da nutrição particular a cada órgão, e as veias o transportam depois que ele aí depôs a porção de vida e de matéria necessária à sua alimentação e à manutenção de sua excitabilidade; mas o olho não pode seguir a extremidade capilar dos vasos, nem ver como eles se comunicam entre si.

pode elucidar a medicina, e convido os doutores a levá-la em consideração[48]. As modificações que o princípio vital recebe variam de acordo com a natureza dos seres que dele se apropriam. Entretanto, a vida tem uma grande analogia entre todos os animais de sangue quente; a dos pássaros é geralmente mais ativa.

[48] Não há nem decomposição nem combinação nova sem liberação de calor. Parece que é ao fluido nervoso espalhado no aparelho respiratório que se deve a combustão do ar, e que é à interrupção desse eflúvio que se deve atribuir o estado de cianose nos coléricos. A peste, ao contrário, produz exteriormente uma liberação de calor fora de proporção com aquela que o mecanismo do organismo renova, e que logo o esgota.

CAPÍTULO VI
Sobre a vida dos animais, e a do homem em particular. Sobre a formação do fluido nervoso e da vida espiritualizada

O movimento da vida dos vegetais não tem outra finalidade além de manter nestes uma circulação única, destinada a abastecer o desenvolvimento e a alimentação de seu organismo. O mesmo não ocorre com os animais: sua vida deve, além disso, proporcionar-lhes sensações e servir para fazer executar suas determinações; consequentemente, ela serve às duas outras circulações, cuja formação e cujo uso irei examinar.

A glândula cerebral nos animais apodera-se dos raios solares trazidos pelo sangue arterial e, em uma elaboração admirável, ela compõe um fluido quase tão sutil quanto a luz, mas que ainda conserva partes tangíveis suficientes para tornar-se o objeto de uma circulação orgânica: é a segunda modificação vital do corpo humano, que tem muita analogia com o fluido elétrico. O cérebro lhe dá o impulso por um movimento alternativo de contração e de dilatação, análogo àquele do qual já expliquei o mecanismo quando falei do coração. A circulação nervosa se divide, como a do sangue, em arterial e venosa[49]; ela se espalha no sistema da nutrição específico a cada órgão, e forma a afetibilidade do corpo, que inapropriadamente se confunde com a sensibilidade sensual da alma. Com efeito, o cérebro secreta um fluido que circula nos nervos: uns são destinados aos movimentos e partem do encéfalo ou de suas dependências

[49] Essa divisão da circulação nervosa em arterial e venosa foi reconhecida pelo doutor Magendie, que a constatou por experiências. A marcha da natureza na circulação sanguínea a tornava provável, e veremos posteriormente que ela é uma necessidade demonstrada pelo raciocínio. O fluido nervoso forma a afetibilidade, como o sangue forma a excitabilidade, ao se espalhar no sistema da nutrição dos órgãos que ele ativa: assim os membros paralisados definham e emagrecem.

e chegam às suas extremidades; outros nos provocam as sensações, e voltam de todas as partes ao encéfalo. Essa distinção entre o agente da vontade e o das sensações foi reconhecida pelo doutor Magendie: ela deveria ter sido feita há muito tempo, pois, em certos casos patológicos, as sensações sobrevivem aos movimentos; e, em outros mais raros, são os movimentos que sobrevivem às sensações[50].

Nosso corpo nada sente, mas ele é afetível, e o fluido nervoso, que forma sua afetibilidade, excita a sensibilidade da alma, transmitindo-lhe as comoções que ele recebeu. Cortem os nervos, a comunicação é interrompida, e os órgãos não mais produzem sensações. A compressão dos trajetos nervosos é ainda mais notável, pois podemos, quando ela vier a acabar, seguir a invasão do fluido nervoso em um membro entorpecido, e observar os progressos do restabelecimento de suas ligações com a sensibilidade; nós as havíamos interrompido, nós as sentimos renascer; é, de algum modo, algo como fazer e desfazer. Parece que, depois disso, não podemos ignorar a existência do fluido nervoso. É uma modificação vital destinada a unir a *impressionabilidade* do corpo com a sensibilidade da alma.

Ninguém ignora que após a morte obtemos, com a ajuda do fluido galvânico, contrações musculares semelhantes àquelas que a vontade determinava durante a vida, e sabemos agora que o cérebro de certos animais, tais como o tremelga[51] e o gimnoto elétrico, secreta fluido elétrico[52], de modo que podemos encarar como uma verdade demonstrada que a vida é um fluido análogo ao fluido eletromagnético, e que, como ele, ela deve sua origem às emanações solares.

O cérebro é o centro da afetibilidade; todas as impressões recebidas pelos órgãos nele vêm se representar: é um eco em que os golpes infringidos ao corpo ressoam em um ponto em contato com a alma; esta sente suas emoções chamadas sensações; é, para o espiritual, uma tradução delas que o fluido nervoso lhe faz.

---

[50] Em um inverno rigoroso, um inválido ergueu a tampa quase em brasa de um fogão de ferro, sem perceber que se queimara profundamente; lembro-me de ter lido esse fato nas antigas Memórias da Academia de Medicina. Existe, além do mais, muitos outros fenômenos análogos. Nossas sensações nascem devido às impressões que a afetibilidade recebeu; é preciso, pois, que o fluido nervoso tenha formado essa afetibilidade antes de nos comunicar as sensações. O mesmo não ocorre com os movimentos; a vida espiritualizada que os faz executar segue os nervos arteriais como condutores, quando eles se dirigem ao sistema da nutrição para formar a afetibilidade e aperfeiçoar a excitabilidade muscular. O doutor Bougros comprovou a circulação nervosa injetando com mercúrio a maioria dos nervos.

[51] N.T. – Também conhecido como arraia elétrica.

[52] *Observations zoologiques* [*Observações Zoológicas*], tom. I, p. 49

A afetibilidade é a sentinela do corpo; é a voz que lhe serve para nos comunicar tudo o que o afeta: o fluido nervoso, após tê-la formado, volta ao cérebro e dele sai em parte para envolver a sensibilidade da alma que o atrai por uma espécie de aspiração; uma porção do fluido nervoso abandona então a circulação para entrar a serviço da vontade que, doravante, o associa a todos os seus atos.

É assim que se forma a terceira e última modificação da vida humana: chamo-a de vida espiritualizada. Não se trata mais do mecanismo da respiração nem de uma secreção que o cérebro prepara, mas de uma elaboração completamente espiritual que arrasta a vida para fora do movimento orgânico, levando-a para dentro do trabalho dos pensamentos; onde ela fica à disposição da alma[53]**.

A vida espiritualizada faz o corpo se mover sem lhe pertencer, ela obedece à uma circulação completamente espiritual, ao passo que, ao contrário, o fluido nervoso se espalha por uma circulação puramente orgânica. Se tivesse sido diferente, de um lado, a alma, ao suspender seu curso, teria se subtraído das sensações dolorosas e, de outro, o impulso orgânico teria entravado a execução dos movimentos voluntários.

Assim, a natureza das coisas basta para demonstrar pelo raciocínio a existência das duas modificações vitais que acabo de mostrar, pois os movimentos voluntários circulam espiritualmente, e o fluido nervoso materialmente, de modo que as sensações que ele nos proporciona são independentes da vontade. Os fenômenos do sonambulismo lúcido, os quais explicarei, não deixam nenhuma dúvida a esse respeito.

Pensar é um trabalho que a nossa inteligência executa sobre nossa sensibilidade, e como neste mundo a vida está associada a todas as nossas sensações, ela também está, necessariamente, associada a todos os nossos atos. Como já disse, nossa alma a arrasta no movimento de sua ação espiritual, é o que lhe dá o meio de agir, a seguir, sobre o corpo que, por sua natureza, lhe é estranho; ela não teria, sem esse intermediário, nenhum poder sobre ele[54]. A vida espiritualizada não conserva elementos materiais suficientes para mover imediatamente o organismo; mas ela age

[53] A alma, ao deixar a Terra, arrasta a vida espiritualizada que a envolve como um véu luminoso: encontraremos dois exemplos disso na sequência.

[54] É por causa disso que depois dos exercícios cansativos ou de uma longa vigília, quando despendemos muita vida, os movimentos tornam-se difíceis, e a vontade os faz penosamente executar, embora sua energia moral seja a mesma. Vejam o que digo mais adiante sobre a causa do sono.

sobre a afetibilidade nervosa e, esta, sobre a contratilidade muscular.

Na verdade, a vida espiritualizada na execução dos movimentos voluntários, segue os nervos como condutores, e se perde com eles na excitabilidade dos músculos contraindo-a[55]: cada movimento despende, em consequência, uma porção de vida espiritualizada; mas ela se renova sem cessar e se acumula durante o sono, pois, nesse estado, despendemos muito pouco, e o fluido nervoso continua a se espiritualizar escapando em direção à nossa alma.

As três modificações vitais que acabo de salientar são uma condição necessária da união do ser espiritual com a matéria. De fato, a existência vegetativa do corpo o teria deixado completamente estranho à sensibilidade da alma, se uma modificação de sua vida não o tivesse colocado em relação com ela[56], e de outro lado a vontade desta não poderia ter disposto dos órgãos sem a ajuda de um agente intermediário que lhe obedece.

A vida humana preenche essas diversas condições sofrendo três modificações diferentes que se produzem umas pelas outras e são tão ligadas entre si que seu conjunto apresenta apenas um todo. Entretanto, elas não se confundem, pois, tal como o fluido nervoso separado do sangue nele nunca entra, a vida espiritualizada tampouco retorna à a circulação nervosa que a produziu: porém esse último fenômeno pode se manifestar acidentalmente, e é o que constitui o sonambulismo lúcido, do qual falarei posteriormente.

Acabamos de ver que extraímos o princípio da vida ânimo-vegetal do ar que decompomos ao respirá-lo. Ela circula com o sangue que a leva ao cérebro; esse órgão a separa e produz o fluido nervoso; esse forma, a seguir, a vida espiritualizada, abandonando a circulação orgânica, para entrar a serviço da alma e tornar-se seu agente.

Assim, as três modificações da vida humana são produzidas umas pelas outras, e sobem do corpo à alma na ordem progressiva que acabo de indicar; mas, quando examinamos a força que as forma, reconhecemos que ela segue uma marcha totalmente contrária, e que ela liga essas mesmas modificações entre si, descendo da alma ao corpo em uma ordem precisamente inversa.

[55] Uma parte da vida espiritualizada da qual dispomos nos movimentos voluntários não volta, e se perde na evaporação do calor vital.

[56] As três modificações da vida humana se encontram e se unem no sistema da nutrição específico de cada órgão: é aí que a excitabilidade, a afetibilidade e os movimentos voluntários encontrarão um teatro onde cada um deles representa seu papel.

Na realidade, nossa alma atrai a vida da qual se apropria por uma espécie de aspiração espiritual[57], e por aí ela se torna a causa principal do movimento da circulação nervosa: esta comunica aos órgãos do peito a força de decompor o ar para se apoderar dos raios solares que ele contém, e são esses raios que, misturados ao sangue, produzem, a seguir, a excitabilidade do coração, cujas contrações e dilatações colocam a circulação sanguínea em movimento.

Vemos, pelo exposto, que as diversas modificações vitais se tornam os elementos umas das outras, elevando-se por etapas do corpo à alma, ao passo que a força de as formar, da mesma forma, desce progressivamente da alma ao corpo.

Isso, naturalmente, pode dar uma ideia de nossa existência terrena, e da maneira pela qual o físico e o moral se comunicam entre si.

Com efeito, as sensações da sensibilidade sensual nos são transmitidas pelas modificações vitais que unem o corpo à alma na ordem que indiquei primeiramente, ao passo que as da sensibilidade moral e a execução dos movimentos voluntários, partem da alma e seguem a progressão inversa para chegar ao organismo[58].

Podemos considerar a vida humana como um fluido animalizado pelo jogo dos órgãos que o formam, e que, a seguir, o despojam pouco a pouco do que ele havia adquirido de material na circulação sanguínea, para colocá-lo em comunicação com a sensibilidade do ser espiritual. Materialmente falando, nossa alma não está em lugar nenhum, já que em lugar nenhum podemos captá-la[59]*; ela só é acessível à sensação, e a vida que sai da circulação orgânica para lhe dar essa espécie de toque espiritual, nela não entra mais e permanece à disposição da vontade.

[57] Veremos na sequência que a vida espiritualizada adquire uma ligação com os plexos solares e cardíacos, onde reagem todos os movimentos da alma: é uma das causas da continuação da respiração durante o sono; e, quanto à aspiração espiritual, que eu apenas menciono, comentarei a partir do momento em que a vida for mais bem conhecida.

[58] A união das três modificações das quais se compõe a vida humana pode ser destruída em uma parte do corpo; tal é o resultado da paralisia, na qual o membro atingido é reduzido apenas à vida ânimo-vegetal. As sensações sensuais nos são comunicadas na seguinte ordem: a vida ânimo-vegetal, o fluido nervoso, a vida espiritualizada. Os movimentos voluntários são executados na progressão inversa: a vida espiritualizada, o fluido nervoso, a vida ânimo vegetal.

[59] Retemos uma alma por sua sensibilidade, como retemos um corpo por aquilo que forma sua consistência; eis porque a ilusão dos sonhos a cativa apesar de sua vontade. Além do mais, a alma recebe as sensações entre o cérebro e o cerebelo; é daí e profundamente que parte a ação dos pensamentos para vir se executar nos lobos anteriores do cérebro, por movimentos que o percorrem transversalmente.

O movimento é uma criação intermediária entre o espírito e a matéria; ele é o elemento da vida. Esta se materializa, primeiramente, para se unir ao corpo, e se espiritualiza, a seguir, para receber a ação da alma.

A última modificação vital é tão desprovida de toda materialidade, que ela recupera a propriedade luminosa que os raios solares, como ela, só têm, porque eles também são o movimento fora da matéria; mas a luz do sol é completamente livre, ao passo que a vida espiritualizada se tornou a agente da alma e lhe obedece: é uma luz que se encontra submetida à ação espiritual, pois, a ela se assimilando, ligou-se aos movimentos da vontade, que ela segue na execução dos atos[60].

Tais são as noções que coligi sobre a formação da vida humana; eu as acredito escritas sob o ditado da natureza; mas há pessoas, aliás muito recomendáveis, que desprezam tudo o que não é a ciência da forma que a aprenderam; e basta que o resultado de minhas observações seja o fruto de um método que não seja o delas, para que elas o rejeitem sem exame. É apenas com os jovens que podemos esperar abrir uma discussão sobre as ideias novas, e, infelizmente, seus estudos os levam para outros assuntos; assim, as descobertas importantes apenas crescem sobre a tumba daqueles que as fizeram. Há milhares de anos os filósofos se esforçavam inutilmente para remontar às causas, hoje os cientistas abandonaram sua pesquisa para se limitarem ao exame dos efeitos e, agora que eles deixaram a verdade atrás de si, é bem difícil persuadi-los a lançar sobre ela um olhar retrógrado. Entretanto, não podemos negar que as hipóteses quiméricas da física não ofereçam nenhuma base aos sistemas da fisiologia, e seremos obrigados a admitir que, por falta de conhecer o intermediário que une a vontade à execução dos atos, frequentemente se confundiu o jogo do mecanismo das sensações com a faculdade de sentir. Quando se toma a excitação dos aparelhos nervosos pela alma, é fácil inferir seu aniquilamento pela destrutibilidade dos órgãos. A verdade é que a física não sabe qual é o princípio do movimento, que a fisiologia

[60] Ordinariamente não percebemos a luz da vida espiritualizada, porque a afetibilidade orgânica não é de natureza a receber suas impressões; mas essa ordem de coisas muda no estado magnético, e os sonâmbulos, cuja afetibilidade espiritualizou-se pela invasão do agente da vontade na circulação nervosa, servem-se dessa luz para ver o interior dos corpos. Explicarei esse fenômeno fisiológico ao falar do sonambulismo lúcido, cuja realidade, hoje em dia, não é mais duvidosa. Convido o leitor a rever, no VII Capítulo das *Théories Physiques* [*Teorias Físicas*], pp. 65 e 66, a explicação da maneira pela qual a luz comum nos afeta.

não conhece melhor o princípio da vida, e que a psicologia com frequência confunde o trabalho dos pensamentos com a força de pensar. Todavia, apesar dessa ignorância das causas, muitas pessoas, que se pretendem exclusivamente positivas, rejeitam qualquer exame, e decidem que certos fenômenos são impossíveis; ao passo que outras esperam chegar ao conhecimento do ser espiritual e das verdades absolutas com a ajuda de uma luz inteiramente excepcional. Tal é o estado das ciências, e enquanto não remontarmos aos princípios, a incredulidade do materialismo e os devaneios do espiritualismo disputarão entre si nossa fé e continuarão a nos ocultar a verdade[61].

[61] As relações da sensibilidade da alma com a afetibilidade do corpo são pouco conhecidas da medicina; assim, quase sempre ela fracassa no que se refere às doenças nervosas. Vimos que a afetibilidade se forma na nutrição específica a cada órgão; é aí, consequentemente, que se encontra o palco dos sofrimentos que as enfermidades do corpo nos fazem suportar. O fluido nervoso parece suscetível de poucas alterações, mas a substância dos nervos é alimentada pelos sucos linfáticos que os percorrem e que parecem exercer a maior influência sobre a natureza da afetibilidade. Os vírus se propagam, da mesma forma, de glândula em glândula pelos sucos linfáticos, sem que ainda tenhamos uma explicação satisfatória do caminho que eles seguem. Ignoramos, também, o trajeto da circulação celular que parece favorecer um movimento geral de exalação e de absorção. Talvez eu poderia ter tentado me fornecer alguma luz nova sobre esse assunto importante, mas as explorações da psicologia fisiológica levaram minhas observações para outro lado. Incentivo os que também estão em condições de estudar a natureza a fazer, a esse respeito. o que lamento não ter feito.

CAPÍTULO VII
Sobre a maneira pela qual a alma se serve de suas faculdades nos órgãos do corpo

Tentei dar uma noção geral das bases de psicologia fisiológica, e esforcei-me para evitar a obscuridade; até aqui espero ter-me explicado claramente o bastante para que um espírito meditativo possa facilmente me compreender, e persuado-me de que o mesmo acontecerá no resto da obra; mas preciso que o leitor não esqueça o que foi anteriormente dito e que ele queira, prestando atenção em mim, procurar em suas próprias observações uma grande quantidade de consequências que eu apenas indico.

Vimos que devíamos nossas sensações ao fluido nervoso que escapa do cérebro para unir a sensibilidade da alma ao centro da afetibilidade orgânica. Nossos pensamentos, a seguir, são apenas um exame das sensações recebidas, e concebemos que esse exame deve ser feito, necessariamente, no aparelho e com o agente que as proporcionou, ou seja, com a vida e no cérebro.

De fato, a afetibilidade do cérebro é o eco da afetibilidade do corpo; é um espelho no qual todas as impressões recebidas vêm se figurar. Uma parte do fluido nervoso que as traz permanece a serviço da alma, que dele se serve a seguir para reproduzir no cérebro as impressões que ela quer examinar: como resultado, temos as sensações novas, que são apenas uma imagem mais ou menos fiel das recebidas primitivamente; nossa inteligência as compara, e é assim que se executa neste mundo o trabalho da memória e o dos pensamentos.

A memória é, pois, uma reação da inteligência sobre a sensibilidade; porém, a alma estava passiva ao receber as impressões primeiras, ao passo que ela é ativa ao executar as de nossas lembranças. Umas e outras nos dão as mesmas sensações; assim os sonhos que (como logo explicarei) nascem de uma reação da inteligência sobre a afetibilidade, nos fazem sentir tudo o que a realidade poderia ter de atrativo ou de desagradável.

Agora, vou falar de um órgão que é importante conhecer para conceber as relações da alma com o corpo. Ele é designado pelo nome de plexo solar e cardíaco: é uma dependência do grande simpático que forma entrelaçamentos nervosos na parte inferior do peito e em direção da região do coração. Admite-se que esses entrelaçamentos nervosos antes indicam um centro de sensações do que um órgão determinado; assim, só falo dos plexos para designar o palco das reações da alma sobre o corpo. Todo mundo conhece a influência que a alegria e a tristeza exercem sobre a circulação sanguínea, cujo curso, com frequência, elas precipitam ou suspendem. Portanto, é evidente que existe no peito um eco das emoções morais, e é ele que designo pelo nome de plexo solar e cardíaco.

A vida espiritualizada obedece à alma que ela envolve, mas ela tem no organismo duas ligações que só abandona na morte: uma no cérebro, no ponto em que o fluido nervoso se espiritualiza, e outra nos plexos; é aí que ela traduz em agitações físicas os movimentos que recebeu das afecções morais. Disso resulta sensações consecutivas que os nervos reenviam ao cérebro, e que nada nos ensinam do exterior, pois elas não têm outro propósito além de renovar as emoções que as causaram: tal é o efeito especial das recordações da sensibilidade moral[62]. Não somos inteiramente senhores das sensações que assim recebemos, já que nós não podemos por nossa vontade nem as produzir nem as deter completamente[63]. Entretanto, como elas se devem ao agente da vontade, a alma aí sempre exerce uma grande

[62] Os nervos dividem-se nos que pertencem às percepções e aos movimentos, e naqueles da vida individual destinados às funções orgânicas: uns partem do cérebro; os outros, do cerebelo. Os primeiros estão relacionados com a inteligência, os segundos com as emoções da alma: é sobre estes que as paixões reagem, o que liga a existência do ser espiritual com a atividade vital do ser físico. Assim, as afecções mórbidas dos principais órgãos da vida, tais como os do peito, do estômago e, sobretudo, do útero nas mulheres, reagem fortemente sobre o moral dos enfermos.

[63] Por essa razão, às vezes as dores morais sobrevivem à sua causa. Certa mãe, ao saber que seu filho acabava de ser morto, sentiu na região do coração contrações que a sufocavam: a notícia era falsa; seu filho voltou, e foi só muito tempo depois que ela conseguiu parar de chorar; e contra sua vontade, os soluços continuavam a sufocá-la. As dores morais causadas pela ternura podem estar misturadas com algum encanto, pois elas dão à alma a consciência de sua imortalidade: ao contrário, os sofrimentos da sensibilidade sensual, causados pelas afecções mórbidas dos órgãos, constatam sua destrutibilidade e nos fazem prever o aniquilamento do corpo.

influência, seja retendo o movimento da vida espiritualizada que as executa, seja, ao contrário, aí se abandonando para recebê-las com toda a força da sua sensibilidade.

A prática aumenta o domínio que exercemos sobre nós mesmos, mas é só com a ajuda de um longo e penoso trabalho que acabamos por dominar a reação dos plexos sobre o moral. Todavia, alguns indivíduos, em meio às mais tempestuosas circunstâncias, conseguem, assim, isolar bastante o trabalho de seus pensamentos das agitações da alma, para continuar a poder julgar o que convém melhor à sua situação. Outros, ao contrário, e sobretudo as mulheres, abandonam-se à sua sensibilidade e esforçam-se para se entregar sem reserva às emoções que os dominam[64].

As sensações partem da alma quando se devem à sensibilidade moral, ao passo que elas nos chegam do exterior quando a sensibilidade sensual as recebe. A reação da vida espiritualizada sobre os plexos é muito aparente nas primeiras, porém ela é menos nas segundas que comumente permanecem despercebidas[65].

Assim, o fluido nervoso comunica à alma as impressões que o corpo recebeu traduzindo-as em sensações, e a alma, por sua vez, envia ao organismo, por intermédio da vida espiritualizada, as emoções de sua sensibilidade que se transformam em movimento físicos. Dois núcleos de afetibilidade servem, na máquina humana, a essa reciprocidade de ação: um, situado no cérebro, é o eco das impressões orgânicas; o outro, situado nos plexos, é o das emoções da alma. Disso resulta que as impressões da afetibilidade se espiritualizam no cérebro, ao passo que as afecções morais se materializam de algum modo nos plexos[66]. É preciso conceber o mecanismo dessas comunicações para compreender uma quantidade de fenômenos que logo explicarei.

[64] Quando a alma quer se abandonar à sua sensibilidade, ao invés de reter a vida espiritualizada, ela a entrega aos movimentos que suas emoções lhe comunicam a fim de receber por reação sensações mais vivas. Vi mulheres começarem voluntariamente essa espécie de jogo, e acabarem, ao não conseguirem dominar a situação, por cair em terríveis convulsões.

[65] No estado magnético lúcido, a afetibilidade geral adquire uma extrema suscetibilidade, e as emoções que a alma recebe das sensações de qualquer natureza, se repetem distintamente nos plexos: de modo que vários sonâmbulos, atentos às repetições desse eco, as confundem com as sensações primárias, e imaginam ver e ouvir por aí.

[66] A alma está ligada à afetibilidade do cérebro; sua sensibilidade nele se encontra envolvida pela vida, de modo que ela só pode receber sensações por intermédio desse órgão: o fluido nervoso leva para ele as impressões físicas, e os plexos para ele enviam o movimento das afecções morais. Algumas vezes me perguntei por que éramos levados a premir sobre nosso coração os objetos de nosso amor, e eis a razão: é porque assim nós os aproximamos o mais possível dos movimentos da alma, que se repetem todos nos plexos solar e cardíaco.

CAPÍTULO VIII
Sobre a memória e a imaginação

Como já disse, a memória é uma reação da inteligência sobre a sensibilidade; ela é mais ou menos completa dependendo do fato de as impressões reproduzidas serem mais ou menos exatamente escritas na afetibilidade cerebral. Vimos que essa afetibilidade recebe as impressões dos objetos terrenos e as comunica à natureza espiritual, traduzindo-as em sensações. É a única via de nossos conhecimentos neste mundo, e a seguimos, sem duvidarmos, como uma consequência de nossa existência neste mundo[67]. De fato, nossas lembranças só se formam renovando nossas sensações primeiras, e já que devemos estas às impressões do cérebro, é preciso que a memória as renove também. A vida espiritualizada serve-nos, nessa operação, para impressionar o órgão como ele o foi pela presença dos objetos, e devemos a esse trabalho as imagens dos sonhos e a ilusão das alucinações[68].

A memória consiste, pois, em renovar na alma emoções anteriormente sentidas, e nossas recordações a respeito da sensibilidade sensual só encontram obstáculo em sua extensão; pois, em si mesma ela é inalterável. O mesmo não ocorre com a sensibilidade moral. Expliquei anteriormente como nossos pensamentos desenvolvem os sentimentos de nossa escolha, ao passo que os outros perecem por falta de cultura. Quando a sensibilidade moral

[67] A partir do momento em que a alma se desembaraça dos entraves do corpo, sua inteligência pode reagir imediatamente sobre sua sensibilidade; porém, enquanto ela estiver a eles ligada, suas lembranças se detêm naqueles cuja afetibilidade orgânica lhe oferece os elementos: eis porque nossa memória é limitada na Terra ao que nela nós experimentamos.

[68] Quando a sensibilidade da alma não está mais unida à afetibilidade do cérebro, ela recebe diretamente da ação espiritual as sensações de suas lembranças: sua extensão então se torna imensa, pois ela não mais está limitada pela destrutibilidade do órgão. Vide na sequência o que digo sobre aumento da memória nos sonâmbulos lúcidos.

se alterou, a lembrança dos sentimentos torna-se impossível, e a memória se limita a relembrar os fatos.

A força de pensar pertence à alma; mas neste mundo o trabalho dos pensamentos é feito no cérebro: acabamos de ver que, para formar as recordações, somos compelidos a reagir sobre esse órgão; e, por essa razão, se o modo de afetibilidade muda, o trabalho da memória torna-se impossível[69]; é o que se observa no retorno do sonambulismo lúcido à vida ordinária: encontraremos na sequência a explicação desse fenômeno.

O trabalho da memória sofre a influência das mudanças de estado do cérebro: notamos, geralmente, que ela é fugidia na infância quando a afetibilidade se desenvolve, e preguiçosa na velhice, quando tudo se destrói[70].

Nossa existência na Terra compõe-se de uma sequência de sensações das quais só possuímos, ao mesmo tempo, uma pequena parte. A memória conserva apenas o que é importante, e a imperfeição dos órgãos não permite à alma (forçada a deles se servir) voltar do fim do ano ao seu início para se encontrar na presença de tudo o que a afetou. As novas sensações que o fluido nervoso traz a cada instante formam um véu que abandonando o presente joga-se sobre o passado. Entretanto, nada parece perdido, pois, quando se tira esse véu, as lembranças apagadas reaparecem em todos os seus detalhes: tal é um dos resultados dignos de nota do retorno do estado magnético à vida comum.

A imaginação não passa de um emprego dos materiais que a memória juntou; ela consiste em pegar em nossas lembranças uma infinidade de imagens das quais dispomos a seguir para criar seres e circunstâncias de fantasia. A imaginação pode lançar-se sobre o futuro ou retroceder em direção ao passado; seus quadros são fantásticos, mas

[69] Nossas sensações na Terra se formam nas relações de afetibilidade do cérebro com a sensibilidade da alma; de modo que, se a natureza da afetibilidade do órgão muda, ele não mais apresenta, no trabalho da memória, os elementos das sensações que se trata de reproduzir; e as recordações se tornam impossíveis. Assim, se existisse para nós um passado anterior à formação dos órgãos, as lembranças permaneceriam adormecidas na nossa alma, e só despertariam na morte, quando a inteligência poderia reagir sem intermediário sobre a sensibilidade. Isso lembra aquelas recordações vagas de existências anteriores, que tantos homens pretendem ter trazido à Terra. Os teósofos as explicam, supondo comunicações imperfeitas com espíritos que já viveram; mas essa explicação parece-me inadmissível, quando os vislumbres de lembranças vêm de fora à vista de objetos novos que as pessoas creem reconhecer; pois as comunicações com os espíritos far-se-iam interiormente.

[70] Parece-me que na velhice a fraqueza da afetibilidade do cérebro se aproxima da natureza daquela que esse órgão tinha na infância, e que é por essa razão que as lembranças da primeira idade então reaparecem com mais força.

as emoções que ela proporciona também contribuem com os nossos prazeres e nossas tristezas. Levada mais longe, ela se aproxima da loucura, que nos dá também sensações contrárias à realidade.

Nos tempos de ignorância, a superstição apossava-se de todos os fenômenos e, sem discutir suas causas, ela via em toda parte a obra imediata do poder divino ou a intervenção do demônio. Hoje em dia, a imaginação representa quase o mesmo papel. Ela é indicada na fisiologia como a causa de tudo o que parece inexplicável. Os fatos mais bem constatados são primeiramente qualificados de erros grosseiros e, quando finalmente eles se tornam incontestáveis, são atribuídos à imaginação; porém, ninguém indica porque via essa ação espiritual determina resultados físicos. Entretanto, é o que seria necessário nos ensinar. Todos sabem que a exaltação moral exerce um forte domínio sobre o corpo; o amor, o ódio, a cólera e, geralmente, todas as paixões, são a prova disso. A dificuldade consiste em explicar seus meios de ação e, desde que saibamos como a vontade faz contrair os músculos, saberemos também porque, no meio de um incêndio, o medo pode devolver seu uso e fazer com que um paralítico ande. As *Memórias da Academia de Medicina* constatam grande quantidade de fenômenos desse gênero, e eu poderia citar vários deles.

Há alguns anos, as preces da senhora de Saint-Amour produziram, em Nantes, curas extraordinárias, que os senhores de Tolenard e Richer atribuíram à intervenção imediata do poder divino. De um lado, acreditaram em milagre, de outro, em impostura. Entretanto, as curas eram reais; mas elas foram de curta duração, e os adversários do maravilhoso acreditaram, então, tudo explicar atribuindo-as à imaginação: como se a produção dos fenômenos se tornasse mais fácil de explicar quando eles são apenas efêmeros. É evidente que a dificuldade continuava total. Logo explicarei esses pretensos milagres.

Durante as primeiras guerras da revolução, um oficial entrou, à frente de sua tropa, em um rico povoado alemão, e alojou-se na fazenda mais ostensiva: tudo nela anunciava abundância; uma mulher enferma, sentada em uma poltrona, mantinha-se perto da lareira; a peça estava, além disso, aquecida por um fogão de ferro, e haviam acabado de jantar em uma mesa de nogueira instalada no meio do aposento. O viajante pediu vinho, cerveja ou leite; mas responderam que só havia água, e quando ele exigiu alimentos mais sólidos, um rapaz disse em alemão que um resto de batatas que os leitões haviam deixado, estava mais do que bom para um francês. Essas palavras imprudentes foram o sinal da explosão; o recém-chegado, praguejando, sacou de seu sabre, batendo-o violentamente sobre os móveis, e todos os seus anfitriões fugiram apavorados. Um infeliz gato, em meio a tempestade, pensou em se salvar saltando sobre a mesa; mas o militar, agarrando o animal e erguendo a tampa do fogão, lançou-o no braseiro... Diante desse último ato, a paralítica desesperada, que seguia com os olhos aquela cena, estremeceu na poltrona e, recuperando de repente suas pernas, abandonou aquele lugar de desolação. Sua cura foi, a seguir, considerada um milagre, e o militar festejado como um enviado do céu.

Eu poderia citar uma grande quantidade de curas análogas, e as preces do príncipe de Hohenlohe[71] fizeram repercutir maravilhas desse gênero; mas elas não tiveram sempre a mesma eficácia, pois o sucesso depende bem mais da disposição vital, que faz a ardente fé dos enfermos, do que do poder do operador.

O pároco de Reichoffen (Baixo-Reno), em comunhão com o príncipe, em 1829 anunciou, aos seus paroquianos, que em um determinado dia, todos os que assistissem a sua missa seriam curados. A multidão acorreu; porém o sucesso não respondeu às suas expectativas, e a grande fé do pastor a seguir caiu em ridículo. Todavia, estou persuadido de que se um ou dois assistentes tivessem jogado suas muletas, gritando ser um milagre, esse incidente poderia ter produzido na assembleia fenômenos muito reais.

Muitos zombam da credulidade do povo; mas os resultados que por vezes ela produz são, entretanto, surpreendentes e, no lugar de indicar a imaginação como a causa de fatos que o povo considera milagres, seria mais instrutivo explicá-los. Na realidade, a ciência nada nos ensina quando coloca a imaginação no lugar de um poder sobrenatural, e a verdade é que com isso ela só faz mudar o nome de um desconhecido. A ignorância escondida sob uma outra palavra é sempre a ignorância, e o acúmulo de fenômenos acrescenta pouca coisa às nossas luzes enquanto um deles não for explicado.

Eu revelei a formação da vida, e creio ter provado que é com a sua ajuda que o ser espiritual consegue mover o

[71] N. T – Esse príncipe, em 1829, obteve curas impressionantes, por intermédio da prece, da confiança em Deus e da imposição das mãos, sobre a cabeça,

corpo. O agente é o mesmo em todos os nossos atos; mas o uso pode variar de acordo com as circunstâncias e nossa vontade. Quando a energia moral se torna extrema, ela dispõe com uma tamanha força da modificação vital submetida ao seu domínio, que ela produz algumas vezes resultados que parecem ultrapassar os limites do possível; porém com bastante frequência esses efeitos extraordinários são passageiros, pois a exaltação que os havia produzido cede, por sua vez, e as coisas logo voltam à ordem habitual. Eis a causa da curta duração das curas operadas em Nantes pela senhora de Saint-Amour[72]. Explicarei esses fenômenos com mais pormenores ao falar dos fenômenos do magnetismo vital[73].

Os fatos constantes parecem ser explicados pela sua frequente repetição, e logo são citados como objetos de comparação para explicar casos raros. É assim que o doutor Bertrand, em uma obra aliás recomendável, relaciona a catalepsia, o êxtase e o sonambulismo lúcido, com os fenômenos atribuídos à imaginação. A seguir, ele conclui pelas analogias por ele constatadas, que o fluido vital não existe, ao passo que eu, ao contrário, aí encontro a prova que esse fluido é o agente da alma e o meio de execução comum a todos os seus atos. Na verdade, o doutor Bertrand ignora o que é a vida, e parece supor que a vontade age sobre os órgãos sem intermediário.

Não seria demais repetir: não podemos erigir um bom sistema de fisiologia senão baseando-o na física, e enquanto esta não tiver descoberto a causa dos movimentos primários, será necessário buscá-la nos alicerces, e recomeçar o estudo da natureza, pois as hipóteses imaginadas não substituem a verdade e não dispensam a necessidade de encontrá-la.

[72] N. T. – Acreditava-se que madame de Saint-Amour se comunicava com o além e falava com os habitantes de outros planetas. Enfermos aglomeravam-se à sua porta e acreditavam que o simples contato com sua roupa pudesse curar.

[73] Ordinariamente, a vontade segue a via das sensações na execução dos atos, e se então ela envia para fora a vida de que dispõe, ela magnetiza naturalmente; mas quando uma fé ardente projeta a vida, orando, ela segue a via dos sentimentos e dos pensamentos, e magnetiza-se espiritualmente: esse tipo de magnetismo é pouco conhecido por aqueles que o praticam. Irei me explicar posteriormente sobre esse assunto.

CAPÍTULO IX
Sobre o sono e os sonhos

O sono é um dos mais curiosos fenômenos que a existência do homem na Terra oferece: ele parece, quando é profundo, separar a inteligência do organismo, não deixando, atrás de si, nenhuma recordação; e por vezes nos sonhos ele é acompanhado de tantas ilusões, imagens tão bizarras e emoções tão vivas, que os acontecimentos da vigília não apresentam nada de comparável. Dir-se-ia, diante das relações singulares que certos sonhos têm a seguir com o futuro, que eles foram trazidos até nós pela influência de um mundo superior que as sensações da vida nos ocultavam durante a vigília: tal é a origem de inúmeras superstições acolhidas outrora com muita confiança, e que, hoje em dia, algumas pessoas rejeitam com mais confiança do que esclarecimentos.

Vários filósofos pensaram que o sono consiste em um entorpecimento dos órgãos, e que pertence exclusivamente ao corpo, ao passo que a atividade pertence, ao contrário, à essência do espírito, e continua a se manifestar pelos sonhos, enquanto dormimos[74].

É digno de nota que quase sempre as pessoas se apressam em formular princípios sobre o que menos se conhece; isso retarda a marcha da ciência, fazendo-a ser precedida de preconceitos que logo a seguir é preciso destruir. Se não tivessem começado por adotar ideias absolutas sobre a alma e a matéria, hoje a alta filosofia não precisaria ser refeita. Ignoro por qual via conseguiram se convencer de que a atividade pertence à essência do espírito; mas o que sei por experiência, é que ele passa na vigília por intervalos de desaceleração e até de repouso completo. Além disso,

[74] O senhor Jouffroy defendeu essa doutrina em três artigos do jornal *Le Globe*, de 19 e 22 de maio e 9 de junho de 1827, nos quais ele dá uma explicação do sono e dos sonhos, que na época eu refutei.

devemos reconhecer que toda diminuição de atividade é uma interrupção relativa.

A força de pensar pertence à alma; mas disso não decorre que ela deva exercê-la sem cessar. Raciocinar assim, é afirmar que só existe operário enquanto ele estiver incessantemente trabalhando.

Afirma-se que o sono consiste em um entorpecimento dos órgãos, e que, por conseguinte, ele pertence ao corpo, cujos sentidos adormecem enquanto o espírito continua a velar; mas desconsidera-se que esse entorpecimento, atribuído ao corpo, provém unicamente da suspensão de suas comunicações com a alma. De fato, os órgãos não têm sensibilidade por si mesmos, eles são apenas impressionáveis, e os órgãos dos sentidos podem, quando dormimos, continuar a receber impressões; mas então sua afetibilidade deixou de estar em contato com o ser espiritual que não mais recebe sua sensação.

Abram as pálpebras de um homem profundamente adormecido, e reconhecerão que a imagem dos objetos ainda se reflete nos seus olhos; entretanto ele não os vê, porque nele a sensibilidade da alma não mais se comunica com a afetibilidade do corpo[75]. Assim, é a suspensão das comunicações ordinárias entre o ser espiritual e o ser físico que constitui essencialmente o sono.

Além disso, se examino qual modificação nossa existência sofre ao passar da vigília ao sono, certifico-me que em um corpo adormecido o sangue circula, a respiração ocorre, a digestão se opera, em uma palavra, o trabalho de vegetação continua, e tudo o que depende do movimento orgânico sofre pouca alteração. Precisamos ainda reconhecer que a circulação nervosa não parou, pois todas as impressões um pouco fortes produzem o despertar causando sensações bastante enérgicas para obrigar a alma a com elas se ocupar. Assim, o sono não afeta essencialmente o mecanismo orgânico; ele se torna, após uma longa vigília, uma necessidade imperiosa: entretanto, ele está sempre, até certo ponto, submisso ao domínio da vontade, pois podemos provocá-lo e sobretudo suspendê-lo por muito tempo. Anteriormente expliquei, quando falei das funções dos plexos, como a alma se serve de sua força sobre a vida

[75] O mesmo ocorre durante o entorpecimento causado pela compressão dos nervos: ela interrompe a circulação nervosa, e os membros não mais produzem sensações; mas o entorpecimento acaba por formigamentos muitas vezes insuportáveis, o que não acompanha o despertar, porque a circulação nervosa continua quando dormimos, ao passo que ela é suspensa pela compressão dos nervos.

para deter a reação das emoções que perturbariam seu julgamento: o sono possui algo análogo; assim, quando nos ocupamos profundamente com um objeto, nossa vontade, absorvendo a vida da qual dispõe, mergulha-nos em uma espécie de sono para todo o resto. Desde que o sono ocorre, os olhos se fecham, as contrações musculares cessam, o corpo cede sob seu peso. Tais são os primeiros sintomas que se manifestam no organismo do homem que dorme e, até aqui, é quase tudo o que sabemos. Da mesma forma, ignoramos como os trabalhos da inteligência são executados durante a vigília; somente notamos que eles têm a maior analogia com o que se passa nos sonhos. Eis o estado atual das luzes. Todavia, muito se escreveu sobre o sono, mas sem nada dizer de muito satisfatório, porque ele consiste em uma mudança de relações entre o ser moral e o ser físico, cujo modo, até aqui, continuava desconhecido. Como, com efeito, explicar os diferentes usos das modificações vitais que o corpo coloca à disposição da alma, quando se ignora o que é a vida? No sono, a vontade abandona o cuidado com o organismo, e, à medida que seu agente se retira, as contrações musculares cessam, e o corpo verga sob seu peso. Pela mesma razão, a necessidade do sono cede à uma vontade contrária, enquanto a vida espiritualizada permanece bastante abundante para se fazer obedecer, mas ele se torna irresistível quando o esgotamento dessa modificação vital faz dele uma necessidade.

Comparou-se o sono à morte, porque ele interrompe, por um tempo, as relações do organismo com a sensibilidade, e que ela os destrói para sempre. Mas na morte, a vida espiritualizada abandona o corpo e segue a alma que ela envolve; ao passo que no sono ela apenas se afasta do centro de afetibilidade, aproximando-se do ser espiritual, para evitar as sensações que o fluido nervoso traria.

Durante a vigília, a alma, com a ajuda da vida espiritualizada, possui o corpo e o dirige de acordo com sua vontade. O corpo, por seu lado, possui a alma dando-lhe sensações, e o fluido nervoso, que lhe serve para esse uso, é objeto de uma circulação cujo principal órgão é o cérebro. Uma parte da vida dele escapa incessantemente em direção à alma, espiritualizando-se; e é aí que as sensações se produzem na união da afetibilidade com a sensibilidade: é também aí necessariamente que o sono se forma, pois ele consiste em uma suspensão momentânea das relações do corpo com o ser espiritual.

Durante a vigília, a alma de aproxima da afetibilidade; ela invade o organismo e o possui pela ação constante que ela imprime à modificação vital que lhe obedece, e é assim que ela conserva o alinhamento do tronco, mantendo as contrações musculares. No sono, ao contrário, a vontade abandona o corpo, a ação de seu agente cessa, e os membros vergam-se à medida que a vida espiritualizada se retira. A alma afasta sua sensibilidade da presença imediata das impressões cerebrais, e assim, suas relações com a afetibilidade são relaxadas.

O sono é ordinariamente simultâneo; porém algumas vezes ele se declara aos poucos e começa por um entorpecimento que, das extremidades, ganha o tronco e a cabeça. As mesmas gradações podem acompanhar o despertar; mas elas seguem uma ordem inversa, e a cabeça, já desperta, permite, então, sentir, em uma espécie de onda, a existência dos outros membros ainda em repouso[76].

O corpo cede à sua inércia natural desde que a alma cessa de com ele se ocupar, e a flexão geral dos membros do homem que dorme é a consequência da retirada do agente de sua vontade; mas, como esta é estranha aos movimentos do mecanismo orgânico, eles se mantêm durante o sono, de modo que o fluido nervoso continua a se espiritualizar, escapando do centro da afetibilidade cerebral; logo o acúmulo que dele ocorre nos comunica as emoções da afetibilidade, causando-nos sensações que obriga a alma a cuidar, contra vontade, das necessidades do corpo. Tal é a causa natural do despertar; e é também o que se opõe a que a alma possa produzir o sono à vontade, enquanto a vida espiritualizada permanece suficientemente abundante para unir inevitavelmente sua sensibilidade às impressões que o corpo recebe.

A noite é o tempo do repouso, e normalmente, o primeiro sono é profundo; mas ele se torna mais leve à medida que as perdas da vida espiritualizada se reparam: é por essa razão que os sonhos são mais frequentes e mais contínuos pela manhã. As comunicações imperfeitas que se restabeleceram entre a alma e o corpo, dão-nos, então, meias-sensações; elas excitam a memória, e os esforços que a

[76] O sono, rigorosamente falando, só existe na cabeça, no centro da afetibilidade do qual a alma se isola quando dormimos, e que se encontra em relação, mais ou menos afastado, com a afetibilidade das outras partes, o que produz as gradações das quais acabamos de falar. Na vigília, a alma, dispondo da vida espiritualizada, se une intimamente com a afetibilidade cerebral; enquanto no sono, ela afasta seu agente tanto quanto os laços da vida o permitirem.

inteligência faz sobre a afetibilidade cerebral para completar suas lembranças, acaba por aí traçar as imagens dos sonhos. Tudo o que excita a nossa sensibilidade pode se tornar uma oportunidade para isso[77]. Caso se trate de um local, nós representamos seus detalhes ao nos ocuparmos com ele, e suas impressões, que o cérebro recebe, logo nos apresentam uma sequência de quadros que se sucedem na ordem de nossas ideias. Essa ordem é quase sempre tamanha que a realidade nada pode oferecer de semelhante; é o trabalho da memória, e sabemos que nossas recordações se encadeiam umas nas outras, e com frequência reúnem as mais díspares circunstâncias; elas percorrem os lugares e os acontecimentos sem levar em consideração o tempo e as distâncias, e muitas vezes associam a imagem daqueles que não mais existem com às das personagens vivas.

A vegetação animal se mantém no sono porque ela é devida a uma excitação particular a cada órgão, que o mecanismo vital reproduz por si mesmo. Deveria ser diferente com a respiração, que depende notadamente da ação da alma: entretanto ela também continua quando dormimos, pois o agente da vontade que a produz nunca deixa totalmente o peito. Sabemos que a vida espiritualizada possui dois núcleos, um no cérebro, outro nos plexos; neles ela assume ligações que só pode abandonar na morte. No sono, só há sua parte flutuante que se retira do peito, e a respiração se torna mais laboriosa.

Poderíamos comparar o sono às privações momentâneas de sentimento que também suspendem as relações da sensibilidade com a afetibilidade. Com efeito, a síncope tem duas causas: ela chega, seja pela energia do movimento da alma que interrompe subitamente suas comunicações com o cérebro, seja por um espasmo orgânico que suspende o curso da circulação nervosa, e relaxa sua união com a vida espiritualizada[78].

O sono é em parte voluntário e em parte forçado, pois ele depende da quantidade de vida espiritualizada que o corpo fornece e da disposição que a alma dela fez. Ele se torna profundo quando nós consumimos muito. A partir do

[77] Por vezes, basta, para fazer uma pessoa profundamente adormecida sonhar e até falar, passar uma pena sobre seus lábios ou questioná-la, apertando levemente o seu dedo mínimo.

[78] Quando a exaltação da sensibilidade moral dá à alma uma força maior sobre a vida espiritualizada, o impulso que ela lhe imprime pode separá-la completamente do fluido nervoso; e é assim que se morre de dor ou de prazer. A síncope prolongada é sempre perigosa, pois diminui o eflúvio do fluido nervoso, que pode parar e levar à morte.

momento em que o agente da vontade não é mais suficientemente abundante, o homem sente em seus atos uma dificuldade de execução que o convida a se abster, e é o que chamamos de vontade de dormir.

O homem que quer se entregar ao sono escolhe comumente um local cômodo, ao abrigo de uma claridade muito viva, e pouco acessível ao barulho. Ali, sua alma coloca o corpo que ela conduz, para dar-lhe o tempo de renovar sua vida, e, caso antes se trate de um sono procurado do que de um sono necessário, com frequência os sonhos começam imediatamente. É curioso, então, vê-los misturar suas ilusões com as impressões da realidade ainda presente, e, de algum modo, disputar com ela a afetibilidade cerebral. Nada semelhante ocorre na espécie de sono que precede ou que sucede o sonambulismo lúcido, pois ele é produzido por uma mudança de afetibilidade cuja causa indicarei mais tarde.

A necessidade do sono se faz sentir todas as vezes que o esgotamento da vida, que apenas se renova em proporção decrescente, aproxima-se de seu termo. Ele anuncia, então, uma morte próxima. A campanha de inverno na Rússia nos oferece tristes exemplos disso; nossos soldados transidos pelo frio respondiam aos seus companheiros que os pressionavam para marchar, quando um sono insuperável se apoderou deles. Essa necessidade de sono era o resultado da diminuição da vida que o frio retirava sem cessar. A asfixia, devida ao vapor do carvão, apresenta o mesmo sintoma; mas ela é, além disso, acompanhada de distúrbios cerebrais causados pelo empobrecimento do sangue que deixa de manter a excitabilidade dos vasos. A alma emprega a vida espiritualizada para fazer o corpo agir, e nossos movimentos tornam-se difíceis desde que esta diminui sensivelmente; essa diminuição convida-nos a dormir, e é essa causa que, nos idosos, dá ao sono contínuo um tão lamentável prognóstico.

O nó de nossa existência consiste na união do fluido nervoso com a vida espiritualizada; a parte flutuante desta última retira-se do peito quando dormimos, o que torna a respiração mais laboriosa. A morte natural oferece algo análogo, pois a ligação do agente da vontade com os plexos é a primeira a se destruir, o que é anunciado por uma respiração estertorante mais ou menos prolongada. Enfim, a ligação se rompe, o peito colapsa, e o ar que ele expulsa faz ouvir um longo e último suspiro; a vida espiritualizada então se precipita ao cérebro e logo o abandona com a alma que ela envolve em um véu luminoso. Mais tarde explicarei esse fenômeno.

O trabalho da memória pinta imagens tanto no cérebro do homem desperto quanto no do homem adormecido, entretanto com a diferença de que na vigília temos a consciência de nossos atos, ao passo que em nossos sonhos, a alma afastada da afetibilidade cerebral recebe como uma obra estranha os quadros que ela mesma acaba de traçar. Bastará um exemplo para tornar seu mecanismo sensível. Suponho que eu queira me lembrar do castelo de Versalhes: minha vontade, para formar essa lembrança, reagirá sobre minha sensibilidade, renovando na afetibilidade cerebral as impressões que ela recebeu sobre o aspecto desse edifício. Verei interiormente o que eu havia visto externamente, ou seja, o agente da minha vontade reproduzirá no meu cérebro impressões semelhantes às que ele havia recebido primeiramente por intermédio dos meus olhos. A pintura será mais ou menos exata dependendo de o trabalho ser mais ou menos bem executado. Os quadros assim traçados formam, no estado de vigília, a base de nossas lembranças; mas durante o sono a ilusão se forma, e então são sonhos.

Cada pessoa, quando tenta retraçar na sua ideia os pormenores de um local, pode reconhecer, examinando-se atentamente, que as imagens de suas recordações se formam e se completam umas após as outras, e que ela só percebe bem o conjunto após ter terminado o quadro. Essas imagens serão tão mais vivas quanto mais a afetibilidade do órgão servir melhor a vontade. Algumas pessoas, sobretudo as crianças, veem interiormente, fechando os olhos, os objetos sobre os quais sua atenção se concentra e que com frequência sua imaginação produz.

O trabalho da memória explica como se forma a ilusão dos sonhos. Vemos e ouvimos tanto no sono quanto na vigília; nossas sensações são as mesmas, apenas elas nos chegam por vias diferentes. Quando estamos despertos, o fluido nervoso transmite ao cérebro as impressões recebidas de fora, ao passo que dormindo, a inteligência nele traça diretamente as imagens dos sonhos por meio da vida espiritualizada.

Nossos conhecimentos não têm outra fonte além de nossas sensações, e, desde que as impressões devidas à memória se tornam tão vivas quanto às produzidas pela presença dos objetos, a ilusão se forma, e confundimos a obra de nossas lembranças com a realidade. A alma ouve, então, o som das palavras que ela pensou, e vê os personagens com os quais ela se ocupa. Tal é a causa das alucinações: elas têm seus graus, e comumente os que as sofrem as combatem no seu nascimento; mas a continuação das sensações errôneas acaba por subjugá-los; e, nesse estado deplorável, a vida torna-se uma triste mistura de erros e de verdades em que a razão perdida não mais se reencontra.

O sono suspende as relações entre a alma e o corpo; é um estado em que o ser moral isola sua sensibilidade da *impressionabilidade* do ser físico[79]: ele demonstra a união das duas naturezas que nós reunimos neste mundo. Na verdade, não poderíamos adiar à vontade o trabalho dos pensamentos se ele fosse o produto do jogo do organismo; e se prestarmos atenção ao fato de que o sono é, sob vários aspectos, submisso à vontade, que essa pode dele se proteger, a ele se entregar ou expulsá-lo, permaneceremos convencidos de que a força de pensar que, por um tempo, se isola assim do corpo, não poderia ser um produto dele.

As sensações que recebemos dormindo têm diferentes causas: elas nascem de movimentos internos, ou de impressões que o corpo recebe do exterior. Se acontece, por exemplo, que uma recordação nos lembre uma floresta, procurando examinar esse lugar selvagem, nós pintaremos todos os detalhes que se oferecerão aos nossos pensamentos, e nossa imaginação poderá aí representar todos os quadros, desde os mais risonhos até os mais trágicos. Um sonho cujo pavor trace os quadros, acaba, geralmente, por tremores que levam subitamente ao despertar.

No sono, a alma nem sempre é completamente enganada por seus sonhos. Algumas vezes, ela reconhece seu erro, comparando as recordações da vigília com a desordem dos sonhos[80]; mas a ilusão logo volta, embora o julgamento a tenha, por um instante, percebido. É preciso acordar completamente para escapar aos encantos de seus sonhos; e muitas vezes a vontade tenta em vão. Algumas vezes os quadros que os sonhos nos apresentam têm uma

[79] Esse isolamento momentâneo da alma, que durante o sono se refugia na vida afastando-se do aparelho das sensações, do qual ela se reaproxima a seguir, prova que sua existência não depende dele e que ela poderá, um dia, abandoná-lo.

[80] Essa situação durante o sono é digna de nota: as lembranças da vigília e as sensações dos sonhos se combatem, traçando sucessivamente no cérebro imagens opostas, e é a própria alma que pinta esses quadros contraditórios. Nada distingue melhor a força de pensar do trabalho dos pensamentos.

vivacidade e uma ligação que nos cativam a ponto de nos tornar insensíveis a qualquer outra coisa; a alma, absorta pelas sensações que deles recebe, concentra-se em seu exame, e pode, então, ordenar movimentos que a vida espiritualizada faz o corpo executar sem interromper o sono. Esse estado, chamado de sonambulismo natural, não é raro, e apresenta um fenômeno oposto ao do sono comum, pois os membros se movem e são de alguma forma despertados, ao passo que o agente da vontade só possui, então, a afetibilidade do cérebro ao seguir a série de sensações que o sonho produziu; a atenção que a alma dá a isso prolonga o sono e produz o isolamento para todo o resto.

Acabamos de ver que os sonhos comuns se formam quando, por uma causa qualquer, o cérebro recebe no sono impressões capazes de excitar a memória, e eu disse como suas ilusões continuam ao passar de um objeto a outro, mas guardei o silêncio sobre os sonhos que poderiam ter uma origem diferente. A esse respeito, a fé da Antiguidade apoiava-se sobre uma infinidade de fatos que pareciam inegáveis; entretanto, hoje em dia eles são considerados como frutos de uma credulidade supersticiosa, e as convicções do século possuem um caráter totalmente oposto.

A incredulidade moderna, atribuída ao progresso das luzes, talvez não tenha outra base além de um sentimento vago de materialismo geralmente difundido, pois, para alguém que admita outra existência, a possibilidade das comunicações entra na ordem das probabilidades, seja no sono, seja até na vigília. As conversas com as pessoas que não estão mais neste mundo são comuns nos sonhos; mas é raro que as lembranças da vigília deixem em nós a consciência de que conversamos com um morto; entretanto isso pode acontecer, e, então, quase sempre o fantasma desaparece à primeira pergunta que lhe fazemos[81].

[81] Em meus sonhos, várias vezes conversei conscientemente com pessoas mortas. Conheci o senhor N**, antigo oratoriano; ele se afogou, e seu corpo foi encontrado no Marne. Algum tempo depois, eu o vi no meu sonho, e perguntei-lhe se tinha se suicidado. "Sim -, ele me respondeu -, eu estava velho, minha vida se tornara um fardo penoso, e desembaracei-me dele". Fiz força para retê-lo para fazer-lhe outras perguntas, pois eu sentia que ele queria escapar de mim, mas ele envolveu-se em uma nuvem e desapareceu. Em 1832, o cólera levou um amigo meu; pouco depois, ele me apareceu em sonho, e veio para me abraçar; apertei-lhe a mão, perguntando-lhe como estava no outro mundo: ele nada respondeu, e desapareceu em uma nuvem, como o senhor N**. Eu tivera uma ligação com uma senhorita, falecida havia longos anos; eu a via com frequência em meu sono, e algumas vezes em circunstâncias cansativas. Certa noite, entre outras, reconheci-a em meio de abraços de um cadáver que me estreitava em seus braços: "Sois uma malvada – disse-lhe – sabeis que durmo, e aproveitais de meu sono para me atormentar". Ela desapareceu imediatamente, e não mais a revi. Poucas pessoas chegam

Acredita-se ter encontrado a prova de que essas conversas interrompidas são produzidas pelas ilusões do sono, no pouco interesse que comumente elas oferecem; pois não sei por que se supõe que a razão das almas aumenta prodigiosamente fora do mundo dos corpos. Seja como for, não devemos esquecer que a pessoa que recebesse comunicações em sonho, nelas confundiria provavelmente tudo o que sua memória lhe fornecesse, e que assim o erro aí encontraria ainda um grande espaço.

Acabo de expor qual é, na minha opinião, a causa de uma grande quantidade de fenômenos que permaneceram até agora sem explicações satisfatórias. Eles têm grande analogia com as alienações mentais com as quais vou me ocupar.

à idade madura sem ter tido alguns sonhos que as preocuparam profundamente.

CAPÍTULO X
Sobre alienações mentais, delírio e afecções melancólicas

As alienações mentais sempre provêm de um vício ou de um desequilíbrio nos órgãos que servem, na Terra, às comunicações entre o corpo e a alma. Não conhecemos os objetos que nos cercam neste mundo a não ser pelas impressões que eles nos causam, e que nossas lembranças reproduzem interiormente. É assim que as imagens dos sonhos se formam quando dormimos, e que um cego, em seus sonhos, ainda goza, por vezes, do espetáculo da natureza. As sensações fantásticas, devidas à memória do homem adormecido, podem nascer na vigília, quando o cérebro toma convulsivamente as impressões que as produzem: então, elas nos enganam, desviando-nos da realidade das coisas. Além disso, nesses tipos de enfermidades, a fraqueza do cérebro raramente permite à alma aplicação suficiente para julgar corretamente o que a afeta.

A loucura é um inconveniente ligado à necessidade que temos neste mundo de nos servir de um órgão destrutível para pensar; mas seria preciso que o trabalho de nossa inteligência se fizesse no cérebro, já que é a ele, unicamente, que devemos as sensações das coisas terrenas, com as quais a vida nos coloca em contato. Entretanto, muitas pessoas, nas alienações mentais, imputam à alma as enfermidades do corpo, e consideram uma doença da inteligência o distúrbio orgânico que a desvia. Seria como se considerássemos o eco que nos engana uma doença de nossos ouvidos.

As alienações mentais têm variedades quase infinitas; todavia, podemos ordená-las em três classes principais: a imbecilidade, a loucura e a fúria.

A imbecilidade é inata ou acidental; ela tem sua causa

na incapacidade do cérebro; é um instrumento que, no que diz respeito ao trabalho dos pensamentos, nunca esteve ou não está mais em estado de servir.

A força de pensar pertence ao ser espiritual, e é provável que todas as almas a possuam no mesmo grau; mas temos neste mundo a necessidade de executar o trabalho dos pensamentos com a ajuda do cérebro. Esse órgão, em nós, não é tão apropriado a esse uso, nem sempre bem-disposto; ele perde suas forças quando a velhice chega e ainda não as adquiriu durante a infância. Na idade madura, o mais leve acidente basta para diminuir sua aptidão: uma constipação do cérebro, por exemplo, influi notavelmente sobre sua capacidade; a alma, então, desejaria inutilmente aplicar-se ao estudo, o órgão lhe recusa o seu serviço; ela julga muito bem que o obstáculo provém da indisposição do instrumento que ela emprega, e pode facilmente distinguir, assim, a força de pensar da execução dos pensamentos. Algumas vezes, ainda nos acontece (particularmente nas afecções reumáticas que ocorrem na cabeça) de pronunciar uma palavra diferente da que queríamos dizer; parece, então, que na execução da música, o músico errou a nota; ficamos muito surpresos com o resultado, e sei que em tal caso sempre procurei ligar à harmonia de minha frase a palavra surgida de improviso[82].

A imbecilidade possui diferentes graus; ela pode ser a consequência de uma queda, de um golpe na cabeça, em suma, de tudo o que perturba o trabalho dos pensamentos ou o torna impossível. As hemorragias entre as membranas que revestem o crânio (quando elas não privam de sentimentos), produzem uma espécie de imbecilidade relativa que a trepanação, evacuando o líquido, faz, algumas vezes, desaparecer[83].

O trabalho da memória indica de qual maneira se forma a ilusão dos sonhos; e, na vigília, desde que as reações mentais adquirem a força das impressões primitivas, é impossível distingui-los. É o que acontece quando se exaspera a impressionabilidade do cérebro, ocupando-o incessantemente com o mesmo objeto. Vê-se e ouve-se, então, os próprios pensamentos, tão claramente como se as imagens

[82] Um gotoso, nos primeiros instantes que seguiram um acesso que atingira o cérebro, enganava-se assim a cada momento, e pedia, por exemplo, seu chapéu no lugar de seu lenço.

[83] Lembro-me de ter lido em algum lugar que um monge, que passava por estúpido, na sua comunidade, foi atingido por uma telha na cabeça: foi trepanado: a operação obteve sucesso e, depois, ele desenvolveu uma inteligência admirável e foi procurador de sua comunidade.

e os sons viessem do exterior, e a razão se perde, enganada por sensações falaciosas. Essas alucinações não são, algumas vezes, nem contínuas nem completas, comumente elas caracterizam as monomanias[84]. Disso, eu poderia citar muitos exemplos.

No mês de outubro de 1833, uma mulher de vinte e oito anos, nascida no Piemonte, foi ao baile, no aniversário de seu vilarejo; ela dançou durante três dias com uma espécie de entusiasmo, e posteriormente, ela continuou a ouvir sem cessar a música que a encantara. Eram as *Monferrinas*[85], e cada uma delas se revezava em sua cabeça, cedendo lugar à seguinte. Essa alucinação perturbou as funções vitais, o que acabou por provocar uma consumpção nervosa. O doutor Brosserio observou que os sons musicais aumentavam com a doença, e que a morte chegou sem que eles cessassem de se fazer ouvir[86].

Uma senhora recolheu em sua casa uma órfã, que ela tratava com bondade; esta, em seu serviço, estava encarregada de cuidar dos coelhos; veio-lhe à mente que seria expulsa se os matasse. As consequências que essa má ação teria para ela atingiram tanto sua imaginação, que ela acabou por ouvir uma voz que lhe dizia para matar esses animais. Quanto mais esse conselho a apavorava, mais ela o ouvia, pois sua preocupação com ele aumentava. Atormentada, assim, continuamente, e não podendo escapar do seu próprio pensamento, ela pensou que ficaria livre caso a ele se abandonasse, e os coelhos foram imolados sem outro motivo[87].

As monomanias luxuriosas são, infelizmente, muito mais comuns: quando uma imaginação lasciva se deixa arrastar, na solidão de seus pensamentos, pela tendência que a leva a reproduzir para si cenas e imagens que a excitam, os esforços que ela faz para lhe dar a força conseguem, por vezes, produzir no cérebro as mesmas impressões que a realidade. Em vão, o doente tenta, a seguir, se livrar das alucinações que o perseguem; é raro que ele possa conseguir, e sua razão, mesmo com o auxílio da medicina, sucumbe geralmente sem retorno. O fascículo que o doutor Esquirol publicou sobre as monomanias homicidas está repleto de exemplos análogos; eu poderia citar

[84] N.T. – Ideia fixa, obcecação.

[85] N.T. – Dança folclórica italiana, com o nome de seu local de origem, Montferrat, região do Piemonte.

[86] Caso relatado no *Journal de Paris*, de 23 de agosto de 1831.

[87] Muito tempo depois, essa jovem infeliz deu fim à sua vida, suicidando-se.

todos sem exceção, e, também, explicá-los; porém creio já ter dito o bastante para fazer compreender como se forma esse fenômeno deplorável.

O delírio febril produz ainda verdadeiras alucinações durante o acesso, essas são também causadas pelas agitações espontâneas do cérebro, que nele vão pintar imagens semelhantes às produzidas pelos objetos exteriores: esses quadros são, a seguir, completados e completados, como nos sonhos, pela inteligência, que deles se apodera e quer examiná-los. A exasperação é tamanha que, quase sempre, as impressões do exterior são menos vivas e cessam, consequentemente, de se fazer sentir[88].

O delírio pode ser considerado como uma loucura momentânea; ele também se manifesta por sensações que não mais se relacionam com os objetos presentes; entretanto, a loucura se limita ordinariamente a perverter certas sensações, ao passo que no delírio a desordem é geral. Só conhecemos a existência das coisas pelas impressões que elas produzem em nossos órgãos, e nosso julgamento se perde desde que um movimento espontâneo do cérebro nele traça as imagens que, quando estamos saudáveis, ele recebe do exterior. Então, nós nos enganamos ao atribuir à presença de objetos exteriores quadros produzidos por convulsões. Tal é a causa da loucura: ela engana nossa razão, porque perverteu a via que nossas sensações seguem. Uma ilusão semelhante nos seduz nos sonhos, e sua explicação lança muita luz sobre essa matéria.

A pessoa ameaçada de loucura percebe com muita frequência (como nos sonhos) que suas sensações não estão mais em harmonia com o que ela outrora sentia; então ela hesita e, nos seus devaneios, ela se preocupa, em silêncio, em formar sua convicção. Assim, esses tipos de enfermidades frequentemente começam pela taciturnidade. A pessoa afetada mostra-se primeiramente embaraçada ao manifestar seu pensamento; ou bem, ao contrário (se ela for imperiosa), quer obrigar os outros a compartilhar de suas novas ideias, e sua impaciência vai até à exaltação, o que a desvia cada vez mais. Os esforços da razão podem, apesar de nossas paixões, retificar os erros de nossos julgamentos; porém o mesmo não ocorre com os erros de nos-

[88] As sensações vivas têm uma força que nos prende e nos torna insensíveis às produzidas por outras impressões: podemos dizer, então, como no sonambulismo comum, que dormimos para todo o resto. Quando o delírio é causado pela aceleração da circulação sanguínea, ele é menos incômodo; mas é muitas vezes um prognóstico sinistro, quando tem sua sede no sistema nervoso, e que o pulso permanece calmo.

sas sensações e, quando recebemos sem cessar sensações fantásticas, elas sempre acabam por nos enganar.

Comumente, só se reconhece a loucura muito tempo depois que ela se declarou, e pode ser difícil voltar, então, às sensações falaciosas que a produziram, sobretudo quando ela só se manifesta nas suas consequências. Entretanto, é certo que a desordem das ideias começa sempre pela desordem das sensações; é até impossível que isso ocorra de outra maneira, pois, tanto na saúde como na doença, todas as nossas ideias são a consequência do que nós sentimos.

Para amarmos ou odiarmos, precisamos conhecer; assim, nossas paixões se formam nas relações de nossos sentidos com os objetos exteriores, elas dão a energia dos sentimentos à nossa vontade, e quando, a seguir, esta é contrariada, ela pode se tornar suficientemente violenta para imprimir aos plexos movimentos frenéticos que os fazem entrar em convulsões. Disso resulta um estado de exasperação e até de fúria, no qual a alma não mais domina as convulsões do físico e perde totalmente a justa apreciação das coisas; porém só há loucura a partir do momento que o cérebro recebe imagens fantásticas; até lá, na fúria há apenas uma ausência de julgamento.

Há outra espécie de perturbação que, sem ser precisamente a loucura, leva, entretanto, a desordem ao trabalho dos pensamentos. Algumas vezes, a mobilidade da afetibilidade cerebral torna-se extrema, e se exaspera a ponto de todas as sensações que ela comunica serem exageradas; as menos ofensivas tornam-se dolorosas[89]. Então, é impossível raciocinar corretamente, pois as sensações do momento absorvem a inteligência e, se nas lembranças a alma quer reunir várias delas, o distúrbio torna-se geral e não mais permite distinguir nada. Não devemos confundir com a loucura a falta de sequência e a mobilidade das ideias produzidas necessariamente por qualquer enfraquecimento do órgão cerebral. A infância nos oferece algo análogo; sabemos que ela não percebe os resultados distantes e que sua memória é fugidia: às vezes o mesmo acontece na velhice.

Todos os nervos nos provocam sensações; mas os dos órgãos dos sentidos estão em relação com os objetos externos, e os dos plexos com as emoções da alma. Vários médi-

[89] As dores que as úlceras provocam são também o resultado da exasperação da afetibilidade local. Posteriormente falarei mais uma palavra sobre isso, ao tratar das mudanças que podem modificar a afetibilidade.

cos se equivocaram sobre a sede dos primeiros distúrbios nas alienações mentais, por não terem feito essa distinção. Com efeito, a loucura é uma enfermidade do corpo que perverte suas relações com a alma; mas ela começa pelo trabalho dos pensamentos quando sua origem está na cabeça, e pelo dos sentimentos quando ela é primitivamente devida às afecções dos plexos.

Algumas pessoas confundem erroneamente a morosidade, a hipocondria e todas as afecções melancólicas com a loucura. Essas doenças são sempre o resultado de perturbações nos plexos. Lembremo-nos que o nervo grande simpático e suas dependências repetem as emoções da alma e as reproduzem[90]. Talvez, as contrações dos plexos, as obstruções que embaraçam seu funcionamento e, geralmente, tudo o que afeta esses aparelhos nervosos, causem desequilíbrio em nosso ser moral; porém elas não desorientam nossos julgamentos sobre a existência das coisas, pois as contrações dos plexos limitam-se a refletir o estado da alma sem conhecerem sua causa. As pessoas portadoras de melancolia reconhecem algumas vezes que os vapores sombrios que as atormentam não têm outra causa além da doença; entretanto a eles se abandonam, pois é quase impossível escapar das sensações de tristeza que a vida que nos une ao corpo nos envia sem cessar, independentemente de nossa vontade. Primeiramente, emprega-se toda espécie de meios, mas, quando nenhum surte efeito, não se vê outro remédio além de cortar a ligação, e o suicídio, separando a alma do corpo, encerra uma associação que se tornou insuportável[91]. Tal é, com frequência, o resultado da melancolia.

As observações sobre a maneira pela qual se formam os sonhos aplicam-se igualmente às alienações mentais. De fato, quando alguém, pela ação de sua vontade, consegue impressionar um cérebro estranho, ele aí produz uma espécie de loucura, fazendo nascer sensações contrárias à

[90] Nas mulheres, existe uma relação íntima entre o grande simpático (e geralmente os nervos da vida individual) e o útero: eis porque as enfermidades desse órgão têm tanta influência sobre seu moral e suas afecções.

[91] A aplicação de ventosas secas ou escarificadas sobre a região cardíaca e ao longo da coluna dorsal, uma alimentação leve e de fácil digestão, manter o ventre livre, prescrever o exercício moderado e proibir a solidão e a vida sedentária; eis os remédios gerais que podemos empregar utilmente. As mesmas conexões que ligam os sentimentos e os pensamentos são encontradas entre os plexos e o cérebro: assim os meios que acabo de indicar não são ineficazes na loucura. Com frequência, esta é atribuída a uma inflamação das membranas do cérebro, ao passo que, na maior parte do tempo, essa inflamação é a consequência e não a causa da doença. A autópsia tem, nestes últimos tempos, produzido muitos erros desse gênero.

existência real das coisas. Sei, que ainda agora, algumas pessoas negam a possibilidade de tais fatos; mas esses fatos, por mais estranhos que pareçam, não deixam de existir, e a experiência não deixa nenhuma dúvida sobre o poder que um magnetizador tem de produzir, em certos sonâmbulos lúcidos, tais alucinações. Quando conhecermos bem a causa dos fenômenos do magnetismo animal, talvez comecemos a compreender a possibilidade das possessões das quais os *Evangelhos* e os *Atos dos Apóstolos* oferecem inúmeros exemplos.

De todas as doenças que afligem a humanidade, a loucura me parece a mais deplorável: ela é uma das tristes consequências que a encarnação do ser espiritual pode acarretar, e é devida à destrutibilidade dos órgãos que, no trabalho dos pensamentos, a inteligência é forçada a empregar. As explicações que anteriormente dei sobre as comunicações que a vida estabelece entre a alma e o corpo, deviam fazer prever que elas podiam se alterar e produzir, em certos casos, as alienações mentais.

CAPÍTULO XI
Considerações gerais sobre o magnetismo vital

O fluido magnético vital é, no homem, essa última modificação da luz à qual denominei vida espiritualizada: ela serve de agente à alma para a execução de todos os seus atos. O impulso que lhe damos em nossos movimentos se detém nos limites do organismo, ao passo que ao magnetizar, a vontade o projeta para fora. Eis, quanto ao emprego da vida, a primeira diferença que existe entre magnetizar e agir.

Perguntar-se-á como a emissão magnética ser feita do exterior. Porém, fazendo essa pergunta, esquece-se que a vontade é uma força espiritual, para a qual os limites do organismo não são um obstáculo; é o que ocorre com a modificação vital, que lhe obedece. Magnetizar é uma prática da vida que nossas necessidades diárias não exigem; assim a maioria dos homens ignora que eles possuem essa faculdade.

Somos livres para magnetizar como somos livres para agir; mas os resultados são úteis, nulos ou prejudiciais, dependendo dos homens, das circunstâncias e das coisas; assim, é imprudente magnetizar sem utilidade todos os tipos de pessoas e de objetos.

A emissão magnética enfraquece rapidamente quando é excessiva, mas, no uso normal, o funcionamento do organismo repara as perdas e renova os meios: o mesmo ocorre a respeito das forças que dispensamos em qualquer exercício[92]. O sol é a fonte da vida de todos os seres; porém, cada um, apoderando-se dos seus raios, os trabalha

[92] A esse respeito, por muito tempo os magnetizadores permaneceram no erro: eles supunham que o fluido era espalhado universalmente, e que depois de ter dele se apoderado, sua vontade o dirigia como eles quisessem. Essa opinião singular, ligada aos sistemas científicos, durante muito tempo impediu-os de reconhecer a voz da natureza, que lhes dizia que era simplesmente sua vida da qual eles dispunham de uma maneira inabitual.

de acordo com sua natureza: se eles se acumulam no cérebro sem serem convenientemente elaborados, causam-nos uma espécie de embriaguez bem semelhante à produzida pelos vapores alcoólicos[93].

A embriaguez comum é, igualmente, o resultado da grande quantidade de raios solares que o organismo separa do vinho antes de tê-los bem assimilado à natureza humana: disso resulta o distúrbio na circulação nervosa; a alma recebe, então, suas sensações por um intermediário, alterado quanto à sua qualidade, mas aumentado em sua quantidade, de modo que a justeza do julgamento, nos beberrões, encontra-se substituída por uma sensação vaga de poder que os seduz[94]. Algumas vezes, o magnetismo animal faz sentir, primeiramente, uma grande parte dos sintomas da embriaguez. De fato, quando a vida estranha que vem invadir a circulação nervosa de um sonâmbulo não está ainda bem assimilada à natureza de seu ser, ele sente tonturas, a cadeira onde está sentado parece desaparecer debaixo dele, ele pensa estar prestes a cair. Toda vida é um composto cuja luz fornece a base, e essa origem explica por que razão os sonâmbulos lúcidos veem o magnetismo vital sob a aparência luminosa.

Magnetizar é um ato de vontade; mas se enganaria quem supusesse que basta querer sem agir. A ação magnética é feita interiormente como todos os trabalhos da inteligência. É preciso que o movimento transmitido à vida pela vontade continue enquanto se magnetiza; caso contrário, a emissão para. É o que ocorre quando uma distração dispersa o pensamento para outros objetos diferentes daquele com o que se deve ocupar.

Para magnetizar eficazmente, basta que o desejo de aliviar um ser sofredor leve-nos a procurar reaquecê-lo, penetrando-o com nosso calor vital. Tal é a indicação da natureza; todas as mães a sentem em relação aos seus filhos, e quanto menos elas aprenderam a confiar nas ajudas estranhas, mais elas seguem essa indicação.

---

[93] O funcionamento orgânico absorve uma parte dos raios solares que nos penetram, os órgãos digestivos apoderam-se dos que os alimentos contêm, e a respiração extrai uma grande quantidade deles dos vapores alcóolicos que ela decompõe, quando eles se espalham no ar, por exemplo, transvazando da aguardente.

[94] A embriaguez apresenta sagacidade e vislumbres luminosos que lhe devem sua existência: as pessoas que abusam dos licores fortes oferecem alguns exemplos de combustões espontâneas, causadas pela liberação súbita dos raios solares demasiadamente numerosos que elas mal assimilaram à sua vida, e que todas as partes do seu corpo contêm em quantidade muito grande.

As mãos são os condutores habituais da emissão magnética; porém, em geral, o sistema nervoso poderia servir para esse uso: a cabeça, o peito e, sobretudo, a respiração, são muito apropriados[95].

A sensibilidade e a inteligência contribuem para a emissão magnética, mas nem sempre elas participam da formação da vontade do magnetizador na mesma proporção nem com a mesma energia. Se o pensamento domina, comumente a ação é menos empenhada e nunca tem a força que pode lhe dar o sentimento: este, ao invés de economizar a vida, a verte em torrentes; ele pode esgotá-la em poucos instantes se o organismo continua a servi-lo. A mais completa fraqueza é, então, sua consequência. A boa vontade da cabeça não expõe a semelhantes acidentes; ela age menos, mas cansa pouco[96].

Uma vontade efêmera, por mais enérgica que seja, raramente produz resultados satisfatórios, pois a efervescência produzida por uma imaginação que se inflama, é um fogo de palha que queima e não aquece. Para obter sucesso, é preciso, normalmente, que a vontade do magnetizador tenha muita constância e que ela disponha com sabedoria do emprego de seus meios.

Os sentimentos religiosos são de grande ajuda quando se magnetiza: eles levam as esperanças do homem para além deste mundo, enchendo seu coração com uma bondo-

---

[95] Quando se tem a vista boa, o olhar pode servir para magnetizar energicamente. Eu adormeci dessa forma um rapaz que me pedira para tentar nele minha força magnética. Peguei-lhe as mãos, incentivando-o a me olhar fixamente: percebi que eu o ofuscava e que seus olhos procuravam evitar os meus; poucos instantes depois, eles se fecharam, e o sono sobreveio. Penso que é magnetizando com o olhar que certos pastores pretendem encantar os cães ferozes: primeiramente, eles fazem muitas contorções para chamar a atenção do animal: o cão, surpreso, olha seu adversário; este fixa seus olhos sobre os do animal e não mais os deixa; logo o cão hesita, recua, assusta-se e, olhando sempre o homem que o persegue, acaba por ir se esconder em algum recanto. O olhar da serpente também age sobre sua presa, e estou persuadido de que ela magnetiza com o olhar o animal que quer devorar. As convulsões deste, seus esforços para escapar, o terror que dele se apodera, constatam que uma força inimiga se apoderou de seus movimentos; e vimos que o fluido magnético (a vida espiritualizada) é o agente que a vontade emprega para mover o corpo.

[96] Todo arrebatamento amoroso contém uma oferenda de sua vida da parte daquele que a ele se entrega; nossa faculdade dele dispor cresce com a energia de nossos sentimentos, e eu já disse anteriormente que, premindo os objetos de nossas afeições em nosso coração, nós os aproximávamos realmente mais perto da ação da alma. As mulheres, em geral, magnetizam fortemente com o peito. A emissão magnética poderia ir até a morte daquele que a ela se entrega com um sentimento profundo e absoluto, se o enfraquecimento dos órgãos ou suas más disposições não lhe desse um fim. Aqueles que sabem o que é amar sentirão com que força deve-se empregar a vida, quando o sentimento que dela dispõe pode salvar o objeto de nosso amor ou nos fazer partilhar sua sorte.

sa caridade para com seus semelhantes. Por vezes um magnetizador, cheio de uma humildade piedosa, atribui, então, seus sucessos à intervenção do poder divino, e se persuade de que, em suas próprias obras, ele não passa de um modesto instrumento do qual a Providência dispõe: tudo lhe parece milagre. Uma alma terna, abandonando-se aos encantos do sentimento, encontra uma inefável doçura em se esquecer, assim, dela mesma. Esse erro aumenta o poder daquele que a ele se entrega, e, por isso, seduz ainda sua razão; mas ela o perde em ilusões místicas sempre perigosas[97].

Magnetizar é usar uma faculdade inteiramente natural do homem: provavelmente nós a recebemos do Criador, como todas as outras; porém, se para fazer milagres é preciso um poder especial dado pela Providência, seguramente o magnetismo não o produz.

Os sentimentos da alma dão à ação magnética seu mais alto grau de poder; eles colocam uma grande quantidade de vida à disposição de sua vontade e, nessa operação, a reação dos plexos sobre o cérebro, da qual anteriormente falei, exerce muita influência.

Grande quantidade de circunstâncias pode, durante a magnetização, atrapalhar os resultados esperados, de modo que, com muita frequência, as experiências propostas perdem seu objetivo. Aliás, as mais interessantes nascem sem que as tenhamos buscado, e nem sempre são as de que mais falamos. Os magnetizadores, se souberem observar, sempre terão oportunidades de se instruir, e os espectadores curiosos raramente serão convencidos por fenômenos que contrariam suas opiniões; de modo que me parece razoável não nos prestarmos a proezas que sempre cansam os sonâmbulos.

Uma última observação que várias pessoas fizeram é que a memória e, geralmente, o uso das faculdades intelectuais sofrem de um magnetismo perseverante e excessivo; é preciso tempo, a seguir, para recuperar o que foi perdido. Quanto aos resultados curativos, creio que são incontestáveis, sempre que os magnetizadores podem dispor de seu tempo e possuem dedicação, saúde e sabedoria. É um remédio cuja excelência depende essencialmente das qualidades daqueles que o fornecem, e que, consequentemente, não se deve tomar, indiferentemente, a qualquer sinal. A continuação desta obra mostrará suas vantagens e seus perigos.

[97] Não duvido que os êxtases do quietismo sejam resultado do sonambulismo lúcido, e, para nos convencermos disso, basta compararmos os seus fenômenos.

CAPÍTULO XII

Sobre o magnetismo vital aplicado à espécie humana; o estado lúcido impropriamente chamado de sonambulismo; e a perda das lembranças no retorno ao modo de vida comum

Os cientistas da atualidade ligaram-se, exclusivamente, ao método de instrução que adotaram, declarando que todo estudo razoável se detinha no exame dos efeitos. Com isso, eles acreditaram estar tirando a inteligência humana da rotina dos preconceitos; de modo que é quase impossível levá-los a discutir um sistema em que se começa por voltar aos princípios primordiais. Toda descoberta a esse respeito é rejeitada com o mais desencorajador desdém. É uma nova espécie de fanatismo, e dir-se-ia que, nesse terreno, a razão deve, a qualquer preço, defender a ignorância atual e fechar as vias para o futuro. A superstição do tempo antigo era um obstáculo aos progressos das luzes; transpondo-o talvez tenha se chegado mais longe e, agora, desde que um fenômeno ultrapasse os limites de nossos conhecimentos, ele não é mais examinado, é rejeitado; parece que se trata menos de buscar a verdade do que de derrubar um inimigo. Eis por que, após quarenta anos, tantas pessoas instruídas rejeitam o magnetismo animal sem conhecê-lo, e tratam aqueles que com ele se ocupam como vítimas de um entusiasmo delirante ou de uma credulidade insensata. Entretanto, os fenômenos tornaram-se tão comuns que não é mais possível negar sua existência, e os cientistas (que não poderiam explicá-los) estão reduzidos a guardar silêncio sobre eles[98]. Originalmente, serviam-se do ridículo para reprimir a curiosidade: hoje, quando ela

[98] A Academia de Medicina havia nomeado uma comissão para o exame do magnetismo animal: esta constatou grande quantidade de fenômenos; mas posteriormente, nomeou uma nova comissão que parece disposta a tudo contestar.

está extinta pelas experiências que prodigalizaram, o descaso do público tornou a tarefa fácil; não discutem mais, apenas calam-se. Todavia os fenômenos, ao se multiplicarem, nada perderam de seu interesse, e vou tentar explicar sua causa.

Magnetizar para curar, é socorrer com sua vida a vida enfraquecida de um ser enfermo. O magnetismo empregado de forma sensata pode ser útil em todas as doenças; mas ele não dispensa o uso dos remédios comuns, e só vemos com frequência seus esforços fracassarem como os da medicina.

Anteriormente demonstrei que nosso modo de existência, neste mundo, exigia duas modificações na vida que nos mantém na Terra. Uma delas, sujeita a uma circulação orgânica, é o veículo das sensações; ao passo que a outra obedece ao impulso espiritual, e serve de agente à vontade.

Essa verdade, fundamentada em uma grande quantidade de fatos, parece-me uma consequência forçada para todos os que reconhecem no homem a existência de um ser espiritual; porém, vários cientistas parecem ter adotado uma opinião contrária: eles levam esse preconceito ao exame dos fenômenos, e pensam escapar da superstição afastando dos estudos tudo o que não é material[99].

Além disso, reconheço que afastando das vias da ciência a busca das causas, os fisiologistas viram-se na necessidade de tirar suas explicações da manifestação dos efeitos, e que assim foram forçados a apresentar a excitação dos aparelhos nervosos como a expressão da sensibilidade, e os movimentos do cérebro como a da inteligência. Um dos mais célebres médicos da capital diz:

Os fenômenos do sonambulismo magnético consistem principalmente em uma tamanha modificação do sistema nervoso, que os órgãos dos sentidos cessam, em grande parte, sua ação, ao passo que os outros nervos e, com frequência, os da vida individual, revestem as faculdades sensoriais etc. O grande simpático (ele acrescenta) e suas

[99] O doutor Georget, em uma obra publicada em 1821, intitulada *Physiologie du système nerveux* [*Fisiologia do Sistema Nervoso*], havia claramente professado o materialismo, mas os fenômenos do sonambulismo lúcido fizeram-no, posteriormente, mudar de opinião e, em seu testamento, datado de 1° de março de 1826, pediu encarecidamente que se desse à sua retratação toda a publicidade possível.
O progresso dos estudos, que tende a tudo materializar, o havia confundido; os fenômenos do magnetismo animal levaram-no de volta à verdade, e é um benefício que talvez compense os abusos de que o criticam os detratores dessa descoberta: o doutor Georget se ocupava com um trabalho a esse respeito quando, em 1828, a morte privou de sua presença as ciências, que ele havia ilustrado.

dependências adquirem a faculdade de perceber[100]

Essa explicação não parece satisfatória: ela não é completa, e falta-lhe clareza; pois não explica como, entre os nervos indicados, uns se modificam de modo a revestir a faculdade de sentir, e os outros de modo a adquirir a faculdade de pensar. É evidente que detendo-se na materialidade dos efeitos, o ilustre professor (cuja boa-fé merece tantos elogios) foi levado a fazer tão infelizes esforços para chegar, em suas explicações, a supor nos nervos as faculdades da alma. Admiro seu belo talento; mas, entretanto, creio que me será fácil demonstrar que a circulação nervosa é a mesma em todo o corpo, que a sensibilidade e a inteligência jamais podem pertencer ao organismo, e que enfim, se supuséssemos tais propriedades aos nervos, seria necessário ainda, para ver e para ouvir, órgãos destinados a esse uso.

Tanto para reunir os raios luminosos como para juntar os sons é necessário um aparelho, e as funções específicas dos olhos e dos ouvidos resultam unicamente da especialidade de sua construção. A partir do momento em que o olho é destruído, o nervo óptico não mais manifesta qualquer faculdade particular; e, entretanto, um cego ainda pode ver nos seus sonhos, pois receber a sensação da visão é ver, de qualquer maneira que o cérebro tenha sido impressionado.

Como já disse em outro lugar, a vida une intimamente a sensibilidade da alma à afetibilidade do corpo; mas ela não as confunde, e sempre devemos distinguir cuidadosamente as sensações de uma das impressões da outra.

As alterações parciais da afetibilidade são muito comuns; elas se manifestam em uma grande quantidade de casos patológicos. Com efeito, as dores extraordinárias que um membro doente faz sentir, são os sintomas da alteração de afetibilidade ocorrida nessa parte: nem a sensibilidade da alma, nem a afetibilidade geral sofreram alteração; mas a afetibilidade parcial tornou-se suscetível de uma grande quantidade de impressões mórbidas, desconhecidas no estado normal. Um golpe recebido em nada altera o fluido nervoso que continua a circular como antes; porém o aparelho afetível é lesado, e, consequentemente, ele comunica à alma sensações mais ou menos penosas: o mesmo ocorre com todos os outros sofrimentos.

[100] Vide o *Dictionnaire de Médecine* [*Dicionário de Medicina*], XIII volume, no verbete *Magnetismo animal,* do doutor Rostan.

Em várias doenças, uma grande quantidade de impressões inofensivas torna-se dolorosa porque a afetibilidade se exaspera; mas sua natureza não muda: enquanto no estado magnético (cuja formação irei examinar) os aparelhos orgânicos permanecem intatos, e é a própria natureza da afetibilidade que muda. Como prova disso, gostaria apenas da declaração do doutor Rostan sobre as ligações desconhecidas que se manifestam em todas as sensações dos sonâmbulos. De fato, toda alteração universal na natureza das sensações é a prova de uma alteração anterior no modo de afetibilidade, se (como anteriormente demonstrei) as sensações não passam de uma tradução que a vida faz à nossa alma das impressões que o corpo recebeu[101].

Esse fenômeno foi muito bem observado pelo ilustre professor. "No sonambulismo magnético –, diz ele –, todas as sensações participam de outro modo de existência". Irei examinar como se forma esse outro modo de existência, ou antes, como se opera a alteração de afetibilidade que o produz. Esforçar-me-ei para me explicar claramente, e se restar alguma obscuridade, ela será devida ao fato de não estarmos bastante familiarizados com as diferentes destinações que a vida preenche neste mundo.

O fluido nervoso e a vida espiritualizada são duas modificações vitais que servem, no homem, para as comunicações entre o organismo e o ser espiritual: o primeiro é o objeto de uma circulação orgânica, ele pertence ao corpo cuja afetibilidade ele forma; a segunda está submetida ao impulso espiritual, obedece à alma e é o agente que lhe serve para executar seus atos. Imaginamos que se a vida espiritualizada invadisse a circulação nervosa, ela modificaria nossa existência, mudando, de um lado, a natureza da afetibilidade do corpo e, consequentemente a de nossas sensações, e de outro, introduzindo a ação da vontade no sistema nervoso[102].

Se tal invasão ocorresse, a vontade poderia, por meio da vida espiritualizada, agir sobre a circulação nervosa, suspendê-la e paralisar assim um membro específico, desnaturar as sensações desnaturando as impressões que as

[101] A afetibilidade do corpo é, na Terra, a única via para chegar do organismo à sensibilidade da alma.

[102] O estado magnético é um modo particular da existência produzido pela introdução da vida espiritualizada na circulação nervosa; disso resulta a formação de uma afetibilidade extraordinária, e em consequência, uma impressionabilidade e sensações até então desconhecidas: esse estado, muito impropriamente chamado de sonambulismo, comporta a vigília e o sono, e se manifesta por um monte de fenômenos interessantes.

comunicam, e executar na afetibilidade do cérebro imagens fantasiosas.

Tais seriam os resultados da invasão do agente da vontade no sistema de sensações; logo iremos ver todos se realizarem ao examinarmos os fenômenos do sonambulismo lúcido.

Na verdade, a invasão do agente da vontade no sistema das sensações é uma espécie de enfermidade; porém ela não deveria surpreender mais do que a invasão da bile na circulação sanguínea, ou então, do que a do sangue nos vasos linfáticos, e penso que, sem a estranheza dos resultados, ninguém se negaria a reconhecer sua possibilidade.

Quando um homem magnetiza outro, pode ocorrer que a modificação vital empregada para esse uso penetre na circulação nervosa do magnetizado e aí seja transportada em quantidade grande o suficiente para mudar seu modo de afetibilidade. Então, não é mais o fluido nervoso que o forma, mas a vida espiritualizada do magnetizador; isto é, um fluido vital assimilado à ação da alma e, em consequência, mais próximo da natureza espiritual.

Tal alteração faz eclodir uma afetibilidade de outra natureza, chamada de estado lúcido. Ele produz uma profusão de relações e de percepções novas. Esse singular modo de existência possui diferentes graus: ele varia de acordo com as pessoas e as circunstâncias; mas permanece dependente, até certo ponto, da vontade daquele que o causa. Daí nascem, para os sonâmbulos, sensações extraordinárias, e para o magnetizador, o poder de alterar sua natureza e de provocar todos os distúrbios que já assinalei. Um dos mais imprudentes, talvez, é o de paralisar à vontade um determinado membro; porque nem sempre é certo que se possa, a seguir, restabelecer seu movimento. Agradeçamos ao doutor Rostan pelas luzes e pelos conselhos que ele dá a esse respeito, pois seu amor pela verdade, constatando todos esses fenômenos, assinalou seus inconvenientes. Imagina-se que, quando uma vontade alheia vem invadir, por seu agente, o sistema de nossas sensações, ela deve poder modificá-las e alterar sua natureza. Assim, embora as maravilhas do estado lúcido não se manifestem igualmente em todos os pacientes, os magnetizadores podem, com muita frequência, produzir o mutismo, paralisar um membro, dar à água o sabor de um licor forte, ou até, ocupando-se energicamente com certos objetos, fazer com que seus sonâmbulos os vejam.

Todos esses fenômenos e uma infinidade de outros foram constatados por um número tão grande de experiências que não mais se pensa em negá-los.

Uma prova convincente de que o estado lúcido é produzido por uma alteração da afetibilidade, é a perda da memória que os sonâmbulos sofrem ao retornarem à vida normal, pois se sua inteligência não pode então se lembrar das sensações passadas, é, evidentemente, porque ela não encontra mais no cérebro o mesmo modo de afetibilidade: assim, desde que o sonambulismo reaparece, o passar do tempo não é mais interrompido, e o trabalho das lembranças recomeça. Vi pessoas saírem do estado lúcido repletas de emoções que elas procuravam, em vão, ligar à sua causa, fatigarem-se inutilmente para trazer à memória a recordação de fatos ainda presentes, de algum modo, pela agitação que elas haviam deixado atrás de si.

O cérebro não passa de um instrumento; porém neste mundo ele é para a alma um instrumento necessário, do qual ela tira mais ou menos partido, de acordo com seu aperfeiçoamento ou sua deterioração. É certo que os sonâmbulos saídos do estado lúcido perdem a memória do que nele sentiram, e a recobram quando nele entram novamente. Que interessante fenômeno é o que mostra assim a alma fora do trabalho dos pensamentos, agindo inutilmente sobre uma afetibilidade que se tornou inábil para retraçar certas recordações, e retomando a linha do tempo desde que o estado do cérebro lhe permitir.

A memória da alma estende-se para mais além dos limites que cremos poder lhe atribuir, e as lembranças se conservam por muito tempo depois que as julgamos apagadas. O uso das faculdades espirituais é limitado, na Terra, pela natureza dos órgãos que a inteligência emprega. A memória liga-se apenas às coisas importantes; as circunstâncias indiferentes passam despercebidas: mas, quando o modo de afetibilidade muda, a última sensação na possibilidade das recordações parece a mais recente, e é julgada presente, pois o tempo só se conta pela sucessão das sensações que ele traz. Os sonâmbulos lúcidos, ao voltarem à vida comum, não conservam qualquer ideia dos dias que eles passaram em estado magnético.

Essa regra não sofreria exceção, se certos magnetizadores não se esforçassem para dela subtrair seus sonâmbulos, e de lhes conservar a lembrança do que se passou no estado lúcido: dir-se-ia que, para fazer ato de poder, eles procuram substituir, em toda parte, os fenômenos naturais por aqueles que sua vontade produz. Disso resulta desordem, poucas luzes e muitas tentativas inconsideradas. A incredulidade domina, e, a seguir, muitas pessoas subordinam suas convicções ao fato de que são os magnetizadores que as fazem entrar em sonambulismo, como se dependesse destes lhes dar uma espécie de doença à qual elas não estão predispostas.

O estado lúcido é uma perturbação nas duas modificações vitais que formam o duplo vínculo de nossa existência na Terra, e é uma consequência ligada à dualidade de nosso ser neste mundo.

Minhas duas primeiras sonâmbulas eram irmãs; eu realizava suas prescrições e, também, e cedia também, algumas vezes, aos seus caprichos. Estávamos no mês de janeiro, a neve cobria a terra e, todas as manhãs, eu magnetizava regularmente durante uma hora. Certo dia em que minhas sonâmbulas sofriam mais do que de costume[103], elas me pediram para deixá-las no estado magnético. No dia seguinte, quando voltei, elas ainda nele permaneciam, pois tinham dormido e despertaram sem retornar à vida ordinária. Notei, apenas, que suas pálpebras pesavam e que a vista começava a se turvar; repeti o magnetismo e, a seu pedido, deixei-as em sonambulismo como na véspera. Essa ordem de coisas se prolongou por dias, semanas e meses. Entretanto, os acidentes que a haviam motivado se dissiparam sucessivamente, e a saúde delas apresentava até melhoras muito satisfatórias. Havíamos chegado à estação das flores, a primavera brilhava com todo o seu esplendor; e, em um belo dia de abril, conduzi minhas sonâmbulas e sua mãe ao parque de Monceaux. O passeio não era público, mas eu obtive ingressos. Veio-me à mente a ideia de despertar minhas sonâmbulas à beira d'água, sob os arbustos de lilás e de cítisos[104] que dominavam os restos de um edifício em ruína. Devo a essa fantasia uma das mais agradáveis manhãs da minha vida. Imaginem a surpresa ou antes o encantamento das duas moças que haviam adormecido cercadas de neve e que eu despertava no meio das flores: transportadas, como por milagre, a um lugar encantador onde a primavera exalava a esperança e o prazer, elas se apressavam em dele desfrutar e respiravam com deleite o ar doce e perfumado que circulava

[103] Os sonâmbulos em estado magnético têm mais força para suportar a dor e mais recursos para remediá-la.

[104] N. T – Arbusto de flores amarelas, também chamado de giesta, codesso.

ao seu redor. A mais jovem, em sua alegria, pisoteava a grama que nascia, saltando no gramado, e corria de um arbusto a outro para deles trazer um novo troféu. Era uma verdadeira embriaguez, que o curso da vida comum jamais pode oferecer.

Eu poderia citar numerosos fatos similares, pois os exemplos não são raros. O conde de B** contou-me que, em 1793, forçado pelas agruras dos tempos a procurar um asilo fora da França, decidira-se a embarcar em Lorient[105]; porém sua mulher, que o acompanhava, sentia uma fobia insuperável de se confiar ao mar; felizmente ela era sonâmbula, e o magnetismo acalmava seus temores. Seu marido decidiu fazê-la atravessar o oceano em estado lúcido, e só a chamou à vida ordinária no continente americano. Quando ele a acordou, ela pensava ainda estar na Bretanha, no momento da partida, e não conservara nenhuma ideia nem da travessia nem do tempo decorrido.

Se, quando se sai do sonambulismo, a alteração de afetibilidade lança um véu sobre o tempo decorrido, interrompendo o trabalho das lembranças, o mesmo não ocorre quando se entra, pois, ao contrário, a memória se desenvolve à medida que a vida espiritualizada, invadindo a circulação nervosa, estende o domínio da alma sobre o organismo. Eu poderia citar o exemplo de um homem que, em estado de sonambulismo lúcido, recitava centenas de versos aprendidos no colégio e que havia esquecido há muito tempo. Além disso, o desenvolvimento prodigioso que ocorre com a memória ao passar ao estado magnético, é um fato constatado por todos os observadores; esse fenômeno é devido ao fato de que, então, a afetibilidade adquire uma admirável suscetibilidade que desaparece com o sonambulismo.

Em geral, age-se demais sobre os sonâmbulos e, para bem observar a natureza, talvez fosse conveniente abandoná-los mais a si mesmo. Os fenômenos da lucidez são considerados, sobretudo, como uma prova do domínio da vontade, e nesse sentido, cada um atribui uma espécie de glória em manifestar um grande poder: assim se exagerará sobre as maravilhas produzidas, e à força de dizer "eu quero, eu quero", acaba-se por alterar todos os fenômenos. É assim que se consegue perturbar as sensações dos sonâmbulos, por exemplo, mudando, para eles, os sabores ácidos por sabores açucarados, a água por vinho ou até

[105] N. T. – Comuna francesa, na região da Bretanha.

por aguardente etc. Talvez tudo isso seja curioso, porém a glória de operar tais prodígios nem sempre leva ao caminho de uma instrução sólida. Parece-me que seria mais conveniente de, primeiramente, observar bem os fenômenos gerais, cuja produção (como a perda das lembranças) deve-se ao próprio sonambulismo, e não depende nem do poder da imaginação nem do domínio da vontade dos magnetizadores.

Acreditava-se que no estado lúcido a sede das sensações se deslocava, e que os sonâmbulos viam e ouviam pelos plexos solar e cardíaco; é um erro fácil de reconhecer: na verdade, a translação da sensibilidade não poderia ter tal resultado, pois ela não criaria órgãos, e eles são necessários para ver e ouvir. A experiência nos ensina, além do mais, que é fácil nos enganarmos e confundirmos o eco com o local em que o som se produz: os plexos repetem os movimentos da alma, cada emoção agita a vida espiritualizada, e ressoa aos vínculos de reação que ela tem no peito; eis a causa do erro dos sonâmbulos que a eles associam as suas sensações[106].

No estado lúcido, as pessoas veem pelos olhos e escutam pelos ouvidos; podemos nos certificar disso incentivando os sonâmbulos a examinarem-se internamente: se entreabrimos, então, suas pálpebras, e constataremos que o globo do seu olho revirou de modo a receber mais facilmente a luz que a vida espiritualizada traz de dentro. Essa experiência foi realizada inúmeras vezes, e é fácil deduzirmos sua consequência, bem simples, que os olhos dos sonâmbulos lhes servem para ver os objetos, já que olhando, eles seguem sua direção.

A vida é um composto da luz e, se permanecêssemos de acordo sobre isso, as maravilhas do sonambulismo lúcido seriam facilmente explicadas. Parece, contudo, que essas ideias não mais deveriam encontrar tantos obstáculos desde que a existência do fluido nervoso está constatada, e que a experiência demonstrou que após a morte o fluido galvânico obtém as mesmas contrações que a vontade fazia executar por meio da vida. O fluido magnético vital é a última das três modificações da vida humana. Ele é luminoso, e a alma dele se serve para clarejar os objetos que ela quer ver: é uma luz da qual ela dispõe. Essa proposição, creio, nada tem de contrário nem à razão nem à natu-

[106] Vide o que anteriormente eu disse sobre as funções dos plexos solar e cardíaco, página 158 e seguintes.

reza das coisas. Entretanto, no lugar de discuti-la, muitas pessoas dela ainda zombarão; como se bastasse mostrar espírito para ter razão. Com frequência tenho notado que à força de produzir o maravilhoso de um lado e o ridículo do outro, acaba-se por cair tanto em uma fé entusiasta que não raciocina, quanto em uma incredulidade teimosa que se nega a examinar. Todavia, é uma noção tão instintiva quanto a que nos indica o sol como a fonte da vida; e, se a ciência não tivesse invertido a ordem natural, direcionando seus estudos dos compostos aos simples, hoje ninguém duvidaria que as emanações do astro do dia animam a natureza. É aí, realmente, que se encontra o centro da dificuldade, pois, desde que for assente que os raios solares formam a vida, ninguém mais ficará surpreso com o fato de que a vontade que os emprega na execução de seus atos, possa também deles se servir para iluminar os objetos, quando a afetibilidade orgânica tornar-se suscetível de por eles ser impressionada: eis todo o segredo do sonambulismo lúcido. Em breve examinarei quais são as consequências de uma maneira de ver tão intimamente ligada à ação espiritual; porém, antes devo tratar do isolamento magnético, que pode se manifestar inopinadamente sem que a vontade dos magnetizadores e a imaginação dos sonâmbulos tenham qualquer influência.

CAPÍTULO XIII
Sobre o sono que precede o estado lúcido, o isolamento magnético, a catalepsia e o sonambulismo lúcido espontâneo.

Acabamos de ver que o estado magnético era resultado de uma alteração da afetibilidade produzida pela invasão da vida espiritualizada na circulação nervosa. A passagem de um modo de existência a outro é necessariamente acompanhada de um momento de interrupção no qual as ligações da sensibilidade com a afetibilidade anterior cessaram e não estão ainda estabelecidas com a afetibilidade que vai seguir. Então, os olhos se fecham como no sono, e foi isso que fez que denominassem o estado magnético de sonambulismo lúcido, denominação inadequada, já que esse modo de existência compreende a vigília e o sono, e que a inteligência aí continua todas as suas percepções[107]. A síncope suspende também as comunicações do corpo com a alma, porém por acidentes de natureza a interromper os trabalhos da inteligência.

Comumente, no estado magnético, a faculdade de receber as sensações da vida comum é conservada; entretanto pode acontecer (principalmente nos primeiros tempos) que a sensibilidade de um sonâmbulo seja absorvida nas suas novas relações e se torne inacessível a qualquer outra. Esse estado de isolamento tem analogia com o sonambulismo comum, no qual a alma se ocupa exclusiva-

[107] Há interrupção nas sensações quando a modo de afetibilidade muda, até que as relações com a nova afetibilidade sejam estabelecidas. Essa interrupção serve de passagem de um modo de existência ao outro; ela precede o estado magnético e o retorno à vida ordinária: é chamada de sono. Se o efeito magnético se limitar a suspender momentaneamente as relações da sensibilidade com a afetibilidade, esse sono terminará por um despertar que não deixa na memória nenhum traço do tempo passado, pois só medimos o passar do tempo pelas sensações que ele nos traz, e a esse respeito, houve interrupção.

mente com as sensações criadas pelos sonhos. Se vocês empregarem, então, alguns meios violentos para despertar a pessoa adormecida ou para se fazerem ouvir pelo sonâmbulo lúcido, vocês lhe causarão, muitas vezes, terrores perigosos e ataques de nervos.

Geralmente, o isolamento não é de longa duração; mas ele pode se reproduzir durante um tratamento, e enquanto continuar, o sonâmbulo só verá e ouvirá pela via magnética; tudo o que vier atingi-lo de outra parte atrapalharia suas novas percepções e lhe causaria um extremo transtorno. A primeira vez que observei esse fenômeno, ele se manifestou em uma moça que eu havia magnetizado durante uma síncope tão completa, que seus pais recearam que ela havia deixado de viver. Todavia, ela não entrou então no estado de sonambulismo, e o estado lúcido só se declarou no dia seguinte. Naquele dia, sua irmã ficou muito surpreendida ao ver sua irmã mais velha responder com os olhos fechados, falar sobre sua enfermidade e prescrever-se remédios. Ela quis se fazer ouvir, mas suas tentativas foram inúteis; várias vezes, ela se aproximou, em vão, para gritar-lhe nos ouvidos, mas não obteve nem um sinal de atenção; impaciente, ela acabou por sacudi-la violentamente, o que fez minha sonâmbula soltar gritos de terror. Foi-me necessário magnetizar a família inteira, colocando minha mão entre os ombros de cada pessoa que queria falar com a enferma. Percebi que os sons da voz lhe chegavam mais distintamente à medida que o magnetismo fazia progresso. O médico chegou nesse ínterim, e minha sonâmbula estava tão clarividente, que leu com os olhos fechados, e através da mão do doutor, o título do primeiro exemplar de uma obra que ele trazia consigo. Coloquei-o em contato com sua paciente, de modo que ele provocou diretamente essa experiência que eu não havia previsto.

A vida espiritualizada dos magnetizadores não produz por si só a alteração de afetibilidade que constitui a lucidez, pois, quando ela invade por muito tempo a circulação nervosa de um sonâmbulo, a vida espiritualizada deste acaba por tomar o mesmo caminho, contribuindo assim, à produção do estado magnético. É por essa razão que as pessoas para quem a lucidez tornou-se habitual, voltam sozinhas para ela, em todas as circunstâncias propícias a alterar seu sistema nervoso. Eu colocava, regularmente, em sonambulismo um doente que eu tratava havia quase um ano; certo dia, na Rua du Bouloy, um infeliz telhadista morreu, caindo do telhado de uma casa a vinte passos do enfermo: esse acidente perturbou meu sonâmbulo; seus olhos se fecharam de imediato, foi forçado a se apoiar no muro; a lucidez se declarou, e o reencontrei em sua casa no mais completo estado magnético. Tratei, igualmente, durante muito tempo, uma jovem que, para entrar em sonambulismo sem minha ajuda e, com frequência, contra a minha vontade, se autoprescreveu, sem o meu conhecimento, girar sobre si mesma até ficar completamente tonta; esse procedimento deu certo, de modo que ela estava, quase sempre, em estado lúcido. Podemos garantir que, via de regra, os doentes habituados ao sonambulismo magnético entram sozinhos nele, todas as vezes que, durante o sono, ocorrem-lhes fortes dores. Por essa razão, frequentemente, encontrei em estado lúcido pessoas que eu despertara na véspera, ao deixá-las. Isso explica o sonambulismo espontâneo do qual temos alguns exemplos, e a catalepsia, que me parece ser o mesmo fenômeno acompanhado de um isolamento completo. Só conheço essa enfermidade por intermédio dos livros; mas suponho que magnetizando com perseverança, conseguiríamos que os catalépticos nos ouvissem, e que, a seguir, seria fácil, apenas pela força de sua vontade, lhes devolvermos, magnetizando-os, o uso de seus membros. Basta comparar os fenômenos do isolamento magnético com os da catalepsia, para surpreendermo-nos com a analogia que existe entre eles. Um sonâmbulo em isolamento só vê e ouve seu magnetizador, torna-se insensível a tudo o que é alheio ao magnetismo e, por vezes, seus membros mantêm a atitude que o fizeram tomar. Com frequência, foram enfiados alfinetes nas carnes das pessoas colocadas nesse estado, e tentadas sobre elas mil torturas, e não se obteve o menor sinal de sensibilidade. A catalepsia apresenta os mesmos fenômenos[108]

Comumente, a modificação vital que a alma emprega para executar seus atos age sobre os nervos, e estes sobre a contratilidade muscular; mas, quando a lucidez magnética absorve completamente as faculdades espirituais, pode acontecer que a via das novas sensações leve a ação da vontade para um modo de afetibilidade demasiado espiritualizado para estar em contato com os músculos. Nesse estado, a circulação nervosa torna-se estranha à alma que,

[108] Todas as vezes que, por uma causa qualquer, a sensibilidade se isola da afetibilidade, a alma cessa de receber as sensações por intermédio do corpo, que se torna estranho para ela, embora a vida continue a aí retê-lo. Na sequência, citarei alguns exemplos.

não recebendo dela nenhuma sensação, não mais a segue para fazer o corpo agir.

O isolamento pode se reproduzir durante um tratamento magnético, por todas as causas que dão subitamente uma grande extensão à lucidez.

CAPÍTULO XIV
Sobre o poder dos magnetizadores sobre os sonâmbulos lúcidos

Os raios do sol são o elemento da vida; esta devia, no homem, assimilar-se respectivamente às duas naturezas que ela reúne; e nós vimos que uma das suas modificações está encarregada de comunicar à sensibilidade da alma as impressões que o corpo recebe, enquanto a outra obedece à inteligência e age sobre o organismo[109].

A vida espiritualizada, da qual a vontade dispõe, segue naturalmente a via das sensações, e se dirige aos aparelhos afectíveis para executar nossos atos.

Essa marcha é igual para os sonâmbulos lúcidos; assim a criação do modo extraordinário de existência que lhes proporciona tantas percepções novas não lhes dá nenhum meio de perturbar a ordem de suas sensações e de alterar sua natureza.

O mesmo não ocorre com os magnetizadores. Como sua vontade se forma fora do organismo dos sonâmbulos, ela não segue a via das suas sensações, e é por essa razão que ela pode alterá-las, seja parando a circulação nervosa que as leva a eles, seja agindo diretamente sobre a afetibilidade de seu cérebro[110].

Quando a emissão do magnetismo vital alterou o modo de afetibilidade de um indivíduo, o autor desse fenômeno adquire poder sobre a sensibilidade daquele cujo sistema de sensações ele acabou de invadir. Assim, ele pode, como eu já disse, parar a circulação nervosa do seu sonâmbulo na parte do corpo que ele quer interditá-la, e por esse

[109] A vida se une à matéria na formação dos órgãos (estes lhe devem um modo especial de elasticidade chamado excitabilidade); o fluido nervoso que forma a afetibilidade pertence ao corpo pela circulação orgânica que dele recebe, e à alma pelas sensações que ele lhe proporciona.

[110] Vide, mais adiante, a diferença que distingue o magnetismo natural do magnetismo espiritual, tanto no modo de ação quanto em seus resultados.

meio, paralisá-la. Esse procedimento indiscretamente empregado possui graves inconvenientes, e produz momentaneamente, sem utilidade, o mutismo e a surdez; porém ele pode, nas operações cirúrgicas, evitar dores atrozes. Em 1829, Paris ofereceu disso um exemplo excelente.

A senhora Plantin, de aproximadamente sessenta e quatro anos de idade, mãe de um negociante da Rua Saint-Denis, 151, consultara, no mês de junho de 1828, uma sonâmbula que o doutor Chapelain lhe havia indicado; esta advertira-a que um tumor se formava sob seu seio direito e corria o risco de se tornar canceroso. A enferma passou o verão no campo, e seguiu, com pouco rigor, o regime que lhe fora prescrito. Ao final de setembro, ela voltou a ver o doutor Chapelain, e contou-lhe que o tumor estava consideravelmente aumentado. Ele começou a magnetizá-la em 23 de outubro, e o sono manifestou-se poucos dias depois; nela, porém, o sonambulismo lúcido sempre foi apenas muito imperfeito. Os tratamentos administrados retardaram os progressos do mal sem curá-lo. Finalmente, o seio ulcerou-se, e o doutor julgou não haver mais esperança de salvação, a não ser na amputação. O senhor J. Cloquet, cirurgião de raro mérito, foi da mesma opinião: só faltava convencer a paciente; o doutor Chapelain conseguiu, graças à influência magnética que exercia sobre ela. Trabalhou com toda a força de sua vontade para produzir a insensibilidade da parte afetada e, quando pensou ter conseguido, beliscou fortemente com suas unhas, sem causar dores, a ponta do seio na qual deveria ser feita a ablação. A enferma ignorava o dia preciso da cirurgia. Foi em 12 de abril de 1829: o doutor Chapelain fê-la entrar no estado magnético; magnetizou fortemente a parte na qual se ia agir. Também havia magnetizado o cirurgião e seu assistente, que não duvidavam que a senhora Pantin acordaria ao primeiro golpe do bisturi; mas sua surpresa foi extrema quando reconheceram sua profunda insensibilidade. "Parecia – disse-me o doutor Cloquet – que talhávamos um cadáver". Vou transcrever o relatório que foi feito a esse respeito para a Academia Real de Medicina, seção de cirurgia[111].

No dia agendado para a cirurgia, o senhor Cloquet, chegando às dez e meia, encontrou a paciente vestida e sentada em uma poltrona, na atitude de uma pessoa cal-

[111] Vide os *Archives Générales de Médecine* [*Arquivos Gerais de Medicina*], tomo XX, maio de 1829, pp. 131 e seguintes.

mamente entregue ao sono natural. Fazia quase uma hora que ela havia voltado da missa, que assistia habitualmente à mesma hora; e o senhor Chapelain a colocara em sono magnético desde o seu retorno. A paciente falou com muita calma da operação a que ia se submeter. Tudo estando disposto para operá-la, ela se despiu sozinha, e sentou-se em uma cadeira.

O doutor Chapelain segurou-lhe o braço direito; o braço esquerdo foi deixado pendente sobre a lateral do corpo. O senhor Pailloux, aluno interno do hospital Saint-Louis, foi encarregado de apresentar os instrumentos e de fazer as ligaduras.

Uma primeira incisão, partindo do oco axilar, foi feita de cima do tumor até a face interna da mama. A segunda, iniciada no mesmo ponto, delimitou o tumor por baixo, e foi conduzida ao encontro da primeira; os gânglios intumescidos foram dissecados com precaução, devido à sua proximidade com a artéria axilar, e o tumor foi extirpado. A operação durou de dez a doze minutos.

Durante todo esse tempo, a enferma continuou a conversar tranquilamente com o cirurgião, e não deu o mais leve sinal de sensibilidade: nenhum movimento dos membros ou dos traços, nenhuma alteração da respiração nem da voz, até nenhuma agitação nem mesmo no pulso se manifestaram; a paciente não deixou de apresentar aquele estado de abandono e de impassibilidade automática que demonstrava quando da chegada do senhor Cloquet. Não precisaram contê-la, mas apenas segurá-la. Uma ligadura foi aplicada sobre a artéria torácica lateral, aberta durante a extração dos gânglios; mas, fato digno de observação, quando o cirurgião lavou a pele próxima da ferida, com uma esponja embebida de água, a paciente manifestou sensações semelhantes às produzidas pela cócega, e disse várias vezes, com hilaridade: "Ah! Pare, não me faça cócegas".

Estando a ferida fechada por emplastros aglutinativos e recebido um penso, a operada foi colocada na cama, sempre em estado de sonambulismo, no qual foi deixada por quarenta e oito horas[112].

Descrevi os pormenores dessa cirurgia para convencer os incrédulos, pois ninguém finge insensibilidade sob a lâmina de um bisturi. Essa experiência é, aliás, cercada de testemunhos que merecem a confiança dos espíritos ju-

[112] A senhora Plantin morreu quinze ou dezesseis dias após a operação, por causas a ela não relacionadas: ela foi aberta, e as circunstâncias da autópsia são extremamente curiosas. Falarei disso posteriormente.

diciosos; e até agora a ciência não explica como se pode produzir uma impassibilidade completa em circunstâncias geralmente tão dolorosas. A cócega causada ao se lavar o sangue ao redor da ferida, é ainda notável pelo fato de provar que a insensibilidade se limitou à parte escolhida pela vontade do magnetizador. Posteriormente, contaram-me que no sul da França, fizeram, em um sonâmbulo, outra operação cirúrgica com o mesmo fenômeno de insensibilidade[113].

A ignorância das modificações que sofre o princípio que nos anima, e dos usos que dele fazemos, até o momento lançou sobre o magnetismo animal um verniz de maravilhoso que desaparecerá a partir do momento em que se souber o que é a vida. Com efeito, parece-me bastante natural que o agente da vontade de alguém possa agir sobre as sensações de outra pessoa, quando ele invadiu a circulação nervosa desta. O domínio de um magnetizador não se limita ao que acabo de relatar, ele ainda pode exercer sobre seus sonâmbulos dois outros modos de ação que vou examinar.

Lembremo-nos que a alma, em suas recordações, emprega a vida espiritualizada para impressionar a afetibilidade do cérebro e reproduzir as sensações que ela quer examinar; é a esse trabalho que devemos as ilusões dos sonhos, e as das alucinações e do delírio. Em certos casos, os magnetizadores podem produzir algo análogo, servindo-se do poder que eles têm sobre o cérebro de seus sonâmbulos para impressioná-lo, de modo a lhes proporcionar sensações fantásticas de todos os gêneros. Exemplos disso não são raros, e os compêndios do magnetismo estão repletos de sabores, perfumes e imagens devidos apenas ao poder da vontade. O abade Faria, nas sessões que realizava em Paris, fazia seus sonâmbulos verem tudo o que ele queria; e é porque os movimentos da vida espiritualizada se reproduzem no cérebro dos sonâmbulos que alguns indivíduos em estado lúcido obedecem, sem qualquer outra comunicação, ao pensamento daquele que o produz[114]*.

[113] Um certo Jean... (meeiro) tinha um abcesso nas partes interior e superior da coxa: a cirurgia pedia prudência, pois a artéria crural atravessava o tumor. O conde de B. colocou o doente em sonambulismo, e produziu uma insensibilidade completa. A operação foi feita pelo doutor Lar na casa do Juiz de Paz do cantão de Condom, departamento de Gers, na presença de várias pessoas notáveis: ela foi relatada no *Journal de Toulouse*.

[114] De acordo com isso, podemos facilmente prever de quantas ilusões podem ser acompanhadas as visões dos sonâmbulos e as consultas que eles dão, sobretudo quando os enfermos não estão presentes. Mostrarei, a esse respeito, outra causa de erros ao falar das visões à distância.

Sentimos que todas essas experiências, oferecidas mais à curiosidade do que ao desejo de se instruir, não devem contribuir muito para os progressos da ciência. Os entusiastas as veem com admiração, e os incrédulos nelas encontram apenas novos motivos para suspeitar da boa-fé daqueles que as realizam. Um espírito observador ficaria impressionado com a uniformidade dos fenômenos desse gênero que se reproduziram em todas as épocas e em todos os lugares; mas a maior parte dos que os julgam se limita a caluniar a sinceridade dos operadores e a escarnecer da credulidade dos que os escutam. É inútil acrescentar que muitas vezes as experiências falham e que, aliás, elas só são completas quando o estado de lucidez permitir. Os magnetizadores, imprimindo sensações fantasiosas no cérebro dos sonâmbulos, empregam a vida espiritualizada como o fazíamos no trabalho das recordações; a execução consiste em traçar fortemente neles o que eles querem reproduzir nos outros. Assim, eles podem entrar na linha das ações da pessoa submetida ao seu domínio. Com efeito, é do ponto em que as sensações se formam que a vida espiritualizada parte, a seguir, para executar os movimentos e, desde que a vontade de um magnetizador consegue impressionar o cérebro do seu sonâmbulo, logo ela pode agir sobre seus músculos e fazê-los se contrair.

Esse fenômeno manifestou-se, pela primeira vez, comigo praticando, em uma circunstância inopinada, e para mim, tornou-se para mim uma prova da maneira pela qual a alma dispõe do organismo. A reflexão levou-me a reconhecer que a minha havia possuído momentaneamente dois corpos, já que por meio da mesma vida, ela os fez se mover, embora continuasse a ser possuída por apenas um[115].

Uma das minhas sonâmbulas sentia uma grande fraqueza nos braços, e para dar mais atividade à sua circulação nervosa, ela me pediu, em uma sessão magnética, para fazê-la segurar em cada mão uma vintena de moedas de ouro. Quando, a seguir, acordei-a, no momento do sono que serve de passagem do estado lúcido à vida ordinária, suas mãos se abriram; as moedas de ouro iam rolar sobre o assoalho. Eu quis fechá-las e, com essa intenção, dispus subitamente de minha vida, sem pensar que eu precisava agir sobre membros que não me pertenciam. As mãos se

[115] O corpo possui a alma, dando-lhe sensações, e a alma possui o corpo dirigindo-o: um exerce seu poder na união que o fluido nervoso estabelece entre a afetibilidade e a sensibilidade, e a outra se faz obedecer por meio da vida espiritualizada que liga as determinações da vontade à execução dos atos.

fecharam imediatamente, e minha sonâmbula, acordando, reconheceu, com horror, que lhe era impossível abri-las[116]. Minha ação sobre seus músculos ainda continuava; para fazê-la cessar, magnetizei ao longo dos trajetos nervosos, e as mãos se reabriram sozinhas; elas estavam tão fortemente contraídas que cada unha havia deixado sua marca impressa na pele.

Posteriormente, observei vários fenômenos da mesma ordem; li e me contaram grande quantidade de fatos análogos, e, pela minha vontade, fiz andar uma sonâmbula, cujas pernas estavam em um estado de paralisia imperfeita. A enferma atravessava assim penosamente uma sala, e os movimentos que eu lhe comunicava causavam-lhe repuxamentos mesclados de angústias, e muito me cansavam.

Tais são os três modos de ação dos quais os magnetizadores dispõem em suas relações magnéticas. Sua vontade pode produzir a insensibilidade em uma parte ou em um órgão específico, impressionar a afetibilidade do cérebro dos seus sonâmbulos, e acabar por contrair seus músculos. Esses fenômenos têm graus e nuances: eles variam de acordo com as circunstâncias, e dependem, sobretudo, da perfeição da afetibilidade magnética. Tudo isso é muito parecido com possessões, pelas quais tantas fogueiras foram acesas, e que nos fizeram com tanta frequência acusar nossos pais de uma absurda credulidade. Porém, repito, queiram examinar bem a parte física desta obra; é nela que se situa a principal dificuldade, pois, a partir do momento que conhecermos bem a vida e seus usos, explicaremos facilmente os fenômenos do sonambulismo lúcido, cuja realidade é, aliás, incontestável.

[116] Os músculos de um sonâmbulo fortemente magnetizado nos obedecem tão mais facilmente, no sono que serve de passagem à vida ordinária, quando sua vontade não mais se comunica com sua afetibilidade cerebral, e que a nossa pode ainda impressioná-la. O fato que acabo de relatar pareceu-me muito mais notável, porque, quando o fenômeno se manifestou, o pensamento de minha sonâmbula não mais se ocupava com seu organismo.

CAPÍTULO XV
Sobre a clarividência dos sonâmbulos lúcidos, o modo de ver que lhes é característico, e a maneira pela qual eles o exercem em suas visões à distância

Tudo o que tende ao fantástico excita, primeiramente, o entusiasmo de uns e a incredulidade de outros; a observação imparcial só chega muito tempo depois, e até lá os que negam levam uma grande vantagem sobre seus adversários, pois à medida que os fenômenos se distanciam, a fé se abala, a admiração cede lugar à dúvida, e a dúvida à incredulidade. A lembrança das provas enfraquece-se com o tempo, enquanto a estranheza dos fatos parece crescer com ele; e as pessoas acabam por achar que se tinham enganado, quando a cada dia imaginam menos o que elas de início admiravam.

Na verdade, a causa dos fenômenos mais banais também é ignorada; mas as pessoas creem compreender o que veem todos os dias, e, para o comum dos mortais, o hábito de sentir vale uma demonstração.

A luz do dia é tão admirável quanto a luz magnética, e seus fenômenos também aguçariam o entusiasmo e a incredulidade se eles fossem reservados a alguns seres privilegiados. Parece até que temos mais meios de estudar a natureza de um fluido do qual nossa vontade dispõe, do que a dos raios solares que se movem em liberdade ao nosso redor. Os fenômenos da lucidez, então, só inspiram a desconfiança porque eles se detêm em um pequeno número de indivíduos. Antes de falar sobre a clarividência dos sonâmbulos, vou relembrar a teoria que já elaborei.

O corpo humano pertence à Terra; unicamente a vida dele estabelece sua ligação com a alma, que ela mantém cativa por certo tempo. Essa vida é um composto dos raios do sol; ela passa por diversas modificações: uma, conhecida com o nome de fluido nervoso, forma a afetibilidade dos órgãos; a outra, torna-se o agente da vontade, e denominei-a vida espiritualizada. Quando esta invade a circulação nervosa, o resultado é um novo modo de existência, e acabo de examinar a influência que ele dá aos magnetizadores sobre seus sonâmbulos; vou me ocupar agora com as faculdades que ele desenvolve nestes.

A vida espiritualizada, que no estado normal não exerce nenhuma impressão sobre a afetibilidade dos órgãos, impressiona, ao contrário, a afetibilidade magnética cuja delicadeza é extraordinária[117]; e, como essa vida espiritualizada é um fluido luminoso, os sonâmbulos dele se servem para iluminar os objetos e levar a imagem deles para seus olhos. É uma luz da qual a vontade dispõe: um sonâmbulo, por exemplo, que deseja ver o interior do corpo de alguém, primeiramente o magnetiza, e leva sucessivamente a luz de sua vida para os órgãos que quer examinar; a exatidão da operação depende, a seguir, do cuidado com que ele a executa, e da maior ou menor intensidade de suscetibilidade de sua afetibilidade magnética.

Tal maneira de ver é totalmente ativa: ela começa a se afastar das vias ordinárias das sensações terrenas que vêm nos encontrar; enquanto aqui é a vida que vai, de algum modo, buscar as sensações. Os sonâmbulos, examinando consecutivamente os detalhes de um objeto, nem sempre compreendem suas relações, e, a esse respeito, a luz comum é bem superior e engana menos. Ainda é necessário observar que raramente a lucidez é perfeita: os próprios sonâmbulos, não dominados por um interesse qualquer, nos avisam e nos indicam os obstáculos que sua visão encontra; sua suscetibilidade varia de acordo com sua disposição física e moral. Comumente, as faculdades da véspera não são as faculdades do dia seguinte, e as visões remotas, cujos fenômenos despertam um tão grande interesse, quase sempre se manifestam inopinadamente. Ainda a esse respeito, citarei a história da senhora Plantin (operada, em 14 de abril de 1829, pelo doutor J. Cloquet). Essa senhora tinha uma filha casada com o senhor Lagan-

[117] Se a afetibilidade dos órgãos se tornasse suscetível de receber as impressões do mundo espiritual, este nos apareceria até durante nossa estada na Terra; e se atentarmos para o fato de que a modificação vital que forma a afetibilidade magnética é o agente da vontade, consideraríamos que o estado lúcido deve se aproximar da espiritualidade.

dré; infelizmente ela morava no interior, e só pôde estar em Paris alguns dias após a operação. A senhora Lagandré entrava em sonambulismo e gozava de uma lucidez admirável. Quiseram consultá-la sobre o estado de sua mãe, e o doutor Chapelain magnetizou-a no domingo, 26 de abril. Eis qual foi literalmente sua resposta: a senhora Plantin estava muito mal:

> A senhora Plantin estava muito mal: que todos os humores estavam viciados; que havia um derrame no lado direito do peito, um pouco de água no invólucro do coração (o pericárdio); que a superfície do fígado estava descolorida. Em dois dias – ela acrescentou – minha mãe estará mora, apesar de tudo o que se poderá fazer. Amanhã, não tereis mais nenhuma ação sobre ela: ela não mais terá vida suficiente para sentir-vos.

Na segunda-feira, o doutor Chapelain foi ver sua paciente, e reconheceu que a triste profecia da sonâmbula começava a se concretizar: os pés e as pernas apresentavam um edema bem grande; a respiração estava difícil, e muitas vezes interrompida por uma tossezinha seca. A enferma estava, evidentemente, pior. O senhor Cloquet pediu ao doutor Chapelain que colocasse a senhora Lagandré em estado magnético, e lhe fez várias perguntas sobre a senhora Plantin; ela lhe respondeu da seguinte maneira:

> Há alguns dias, minha mãe está muito debilitada: ela não vive mais a não ser pelo magnetismo que a mantém artificialmente; falta-lhe a vida.
> – Credes que possamos manter a vida de vossa mãe?
> – Não: ela se apagará amanhã bem cedo, sem agonia, sem sofrimento.
> – Quais são, pois, as partes afetadas?
> – O pulmão direito diminuiu, contraído sobre si mesmo; ele está envolto por uma membrana parecida com cola; ele nada no meio de muita água. Mas é sobretudo ali – disse a sonâmbula, mostrando o ângulo inferior da omoplata, que minha mãe sofre. O pulmão direito não respira mais, está morto. O pulmão esquerdo está sadio: é por intermédio dele que minha mãe vive. Há um pouco de água no invólucro do coração (o pericárdio).
> – Como estão os órgãos do baixo-ventre?
> – O estômago e os intestinos estão sadios, o fígado tem a superfície branca e descolorida.

O senhor Chapelain magnetizou energicamente, várias vezes a enferma, na segunda-feira durante o dia, e conseguiu, apenas, fazê-la cochilar. Quando ele voltou, na terça-feira, em torno das sete horas da manhã, ela acabava de expirar.

Os dois doutores desejaram conferir as declarações da sonâmbula sobre o estado interior do corpo; obtiveram o assentimento da família para realizar a autópsia. Solicitaram ao senhor Moreau, secretário do setor de cirurgia da Academia, e ao doutor Dronsart que fossem testemunhas, e foi combinado que ela seria realizada no dia seguinte em sua presença. Ela foi realizada pelo senhor Cloquet e o senhor Pailloux, seu auxiliar, assistidos pelo doutor Chapelain. Este adormeceu a senhora Lagandré um pouco antes da hora marcada para a operação. Não relatarei uma cena de ternura e de afeição filiais, durante a qual aquela sonâmbula banhou de lágrimas o rosto inanimado de sua mãe. O doutor Chapelain apressou-se em acalmá-la; os médicos quiseram ouvir de sua própria boca o que ela havia declarado ver no interior do corpo da senhora Plantin, e a sonâmbula, com voz firme e sem hesitar, repetiu o que já declarara aos senhores Cloquet e Chapelain. Este último conduziu-a, então, à sala contígua ao quarto onde se realizaria a operação, e cuja porta foi cuidadosamente fechada. A senhora Lagandré continuava sempre em sonambulismo e, apesar das barreiras que a separavam daqueles senhores, ela seguia o bisturi na mão do operador, e dizia às pessoas que estavam ao seu lado: "Por que fazem a incisão no meio do peito, já que o derrame é à direita?"

As indicações da sonâmbula foram consideradas corretas, e o relatório da autópsia foi escrito pelo doutor Dronsart, como segue:

> *Relatório de abertura do corpo da senhora Plantin, nesta terça-feira, 29 de abril de 1829.*
>
> *Exterior* - Palidez amarelada em todo o corpo; magreza bastante pronunciada; abdome volumoso. Três quartos da ferida estão cicatrizados: sua superfície apresenta granulações carnudas de boa natureza; suas bordas estão afundadas e recobertas de uma cicatriz de nova formação.
>
> *Interior* - Na abertura do peito, encontramos a cavidade da pleura direita cheia de uma serosidade turva, cuja quantidade pode ser avaliada em torno de duas pintas[118]. Os folhetos pulmonar e costal dessa mem-

[118] N. T. – Antiga unidade de medida de capacidade para os líquidos, equivalente a 0,93 l em Paris [Fonte: *https://www.larousse.fr/dictionnaires/francais/pinte/61032*].

brana estão cobertos de exsudações fibrinosas moles, que são mais abundantes na parte posterior da cavidade do que na parte anterior. O pulmão está fortemente recurvado; as incisões que praticamos sobre a borda posterior e sobretudo sobre seu lobo superior, fazem com que reconheçamos a existência de uma pneumonia e dão saída a um líquido seropurulento, esbranquiçado em certos locais, e acinzentado em outros. Vários pontos da borda anterior e do lobo inferior estão ainda permeáveis ao ar e crepitantes.

O pericárdio contém cerca de três ou quatro onças de serosidade límpida. A face posterior do coração está ligeiramente avermelhada e apresenta vários pequenos fragmentos de exsudação fibrinosa. Além disso, esse órgão não apresenta nada de anormal em relação ao volume.

O fígado apresenta um volume normal: a face superior está recoberta em sua parte mediana por placas esbranquiçadas que não se estendem para além da superfície do órgão. A vesícula biliar está atrofiada e apresenta uma cor esbranquiçada; está cheia de cálculos biliares e não contém bile.

Os outros órgãos não foram examinados.

Seguem as assinaturas.

Vemos, por esse relatório da autópsia que a senhora Plantin não sucumbiu em consequência da cirurgia nela praticada quinze dias antes, já que a ferida tendia a cicatrizar; porém o que é bem digno de nota, é a exatidão da descrição do estado interior do corpo feita anteriormente pela sonâmbula. Fatos análogos, mesmo isolados, já seriam concludentes; mas desde 1822, as experiências e os relatórios se multiplicaram, tanto em Salpêtrière quanto no Hospital de la Charité e no Hôtel-Dieu. Os comissários nomeados pela Academia de Medicina coletaram e constataram uma boa quantidade de fenômenos; todavia, nada foi publicado e seu silêncio prolongado tem provavelmente como motivo a necessidade de deixar amadurecer suas reflexões sobre um assunto tão importante.

Eu poderia citar milhares de exemplos de visões internas por parte dos sonâmbulos lúcidos, visto que não há tratamento magnético que não relate várias delas; não obstante, parece-me supérfluo voltar incessantemente sobre a existência de fenômenos tão bem constatados. O ponto importante é o de recomeçar o estudo da física e de reconhecer que a matéria e os raios solares são os princípios da natureza, e se combinam em todos os corpos. A partir do momento que tivermos certeza de que a luz forma a vida, não parecerá mais inacreditável que a última modificação vital, chamada no homem de fluido magnético, possa ser luminosa e servir para iluminar o interior dos corpos, cuja afetibilidade orgânica tornou-se suscetível de receber suas impressões.

Nossa existência na Terra divide-se entre a inércia material do corpo e a atividade espiritual da alma; devemos nossas sensações ao fluido nervoso que pertence ao organismo, e nossos movimentos à vida espiritualizada da qual a vontade dispõe. É assim que as relações entre o físico e o moral comumente se equilibram. Porém, essa ordem muda quando se chega ao estado lúcido; e, a partir do momento que o agente da vontade tenha formado uma afetibilidade suscetível de receber as impressões que ele lhe traz, o domínio da alma sobre a existência terrena aumenta e a aproxima da espiritualidade.

Na vida ordinária, recebemos dos raios solares a imagem dos objetos, e vemos passivamente; mas, no estado magnético, os sonâmbulos lúcidos veem ativamente, por um ato de sua vontade, que consiste em dispor da luz de sua vida para ir buscar as imagens e levá-las aos seus olhos. Um círculo lançado diante de nós no ar volta chegando na terra, e rola ao nosso encontro quando recebeu, na partida, dois impulsos opostos: é o que ocorre com o fluido vital; a vontade o envia e, ao mesmo tempo, o faz voltar, com a atividade do pensamento agindo sobre uma modificação da luz. Esse modo ativo de ver pertence inteiramente à ação espiritual, e se afasta dos hábitos do mundo dos corpos. Um sonâmbulo que atinge a lucidez, não mais procura, imediatamente, a situação material das pessoas: ele as ilumina no local onde seu pensamento as encontra, visto que a luz de sua vida segue sua vontade e agora ilumina tudo o que prende sua atenção. Imagina-se que, então, os obstáculos e as distâncias desaparecem. A alma não se inquieta mais com isso; ela se entrega naturalmente a esse novo modo de investigação e, com isso, parece apenas fazer recobrar um gênero de ação que lhe é próprio e que o afrouxamento dos laços da vida vem lhe devolver. Perguntem a um sonâmbulo como ele vê, apesar dos obstáculos e da distância: ele responderá que vê por que quer. Ele não se preocupa com a maneira pela qual pôde adquirir essa faculdade; mas ele sente que é da natureza de seu ser espiritual ver assim. A senhora Lagandré em estado magnético via o corpo inanimado de sua mãe, e, apesar da distância e da separação, ela seguia, durante a autópsia, o bisturi do cirurgião; porque a energia de seus sentimentos dava à sua ação espiritual uma grande superioridade sobre seu físico.

Os relatos dos tratamentos dos sonâmbulos lúcidos contêm uma profusão de exemplos de visões desse tipo, e minha prática ofereceu-me vários deles. Relatarei apenas dois: eles não têm a autenticidade daquele que acabo de citar, mas suas circunstâncias são bastante pormenorizadas para merecer a atenção dos que buscam a verdade. Propus-me a sangrar o pé da primogênita das duas irmãs sonâmbulas das quais já falei: ao chegar, fiz a irmã mais nova entrar em estado magnético e, como ela estava adoentada, foi para o quarto vizinho e se deitou. Comigo, só ficaram o pai e a mãe; eles deviam me assistir na operação, pois havíamos afastado as testemunhas importunas. Coloquei o pé da enferma sobre meu joelho e, pegando a lanceta que eu segurava na boca, ia abrir a veia, quando um grito, partindo do leito da irmã mais jovem, fez-nos correr até ela. Encontramo-la desmaiada na posição em que ela tinha se deitado. Reanimei-a, e perguntei-lhe a causa do seu desmaio; então, ela nos contou os pormenores de todos os meus movimentos na operação projetada: disse-me que constantemente me seguira com os olhos, e que no momento em que peguei a lanceta, uma emoção, que ela não pudera dominar, privara-a de sentimento. Todavia, sua situação, a distância e a parede que nos separava tornava a coisa impossível no decorrer da vida cotidiana. A mesma sonâmbula, sentada com a cabeça inclinada sobre o peito, em atitude de reflexão, acompanhava a mão de alguém que, atrás dela, procurava livros sobre as prateleiras de uma estante, e a via passar de um livro a outro.

A primogênita das duas irmãs era muito afeiçoada a uma senhora a quem prometera ir ver comigo. No dia marcado, os empregados foram afastados: o apartamento no primeiro andar tinha uma suíte de três peças, uma sala de jantar, uma sala de estar e um quarto de dormir: foi neste último local que coloquei minha sonâmbula em estado magnético; afastei-me para deixar as duas amigas conversarem livremente. Soube que conversaram sobre a extração de uma calosidade: um leve movimento e um gritinho da paciente lançaram subitamente a operadora em um desmaio completo. Acorri: foi preciso colocá-la na cama no fundo do quarto; sua amiga, desolada, segurava-lhe as mãos, sentada ao seu lado. A síncope foi de curta duração, e a doente, voltando a si, pediu água: fui pegar uma jarra sobre a lareira, mas ela se encontrava vazia; levei-a, para enchê-la, à sala de jantar, onde eu havia notado um filtro de água: abri a torneira, a água não saiu; todavia, certifiquei-me de que o filtro estava cheio. Imaginei que era necessário desentupir a torneira, e fui buscar uma vareta, que rachei com uma faca que peguei de dentro do bufê: a água não saiu. Supus, então, que o conduto aéreo do reservatório estava entupido e, como ele era muito estreito, foi necessário, novamente, rachar a vareta para introduzi-la; porém tampouco obtive êxito. Enfim, voltei com uma jarra cheia de água não filtrada. Encontrei minha sonâmbula com a cabeça apoiada no ombro de sua amiga, que lhe segurava as mãos e não a havia deixado. Sua lucidez era tal que nenhum dos meus movimentos lhe havia escapado; ela os relatou nos mínimos detalhes: todavia, entre ela e mim havia uma sala e duas paredes, e minha conduta apresentava uma série de circunstâncias difíceis de se imaginar.

Um magistrado, conselheiro de uma corte real, contou-me o seguinte fato: sua esposa tinha uma camareira de saúde muito debilitada; ela magnetizou-a e fê-la entrar em sonambulismo: o tratamento era feito secretamente, pois suas intenções caridosas não a teriam colocado ao abrigo das zombarias. Essa senhora era ajudada por seu marido. Certo dia, em que a sessão magnética fora acompanhada de fortes dores, a sonâmbula pediu vinho envelhecido: o marido pegou uma tocha e saiu para ir buscá-lo. Desceu o primeiro andar sem acidente; mas a adega estava situada bem profundamente abaixo do solo, os degraus estavam úmidos, e ele escorregou no meio da escada, e caiu para trás sem se ferir e sem que a tocha que ele segurava se apagasse. Isso não o impediu, a seguir, de continuar seu caminho e de subir com o vinho solicitado. Encontrou sua mulher ciente de sua queda e de todos os pormenores de sua viagem subterrânea; sua sonâmbula lhes havia contado à medida que eles ocorriam.

Eu poderia citar vários outros fatos que me são pessoais, e relatar exemplos de visões similares e até a distâncias bem mais afastadas; mas suas circunstâncias não seriam mais convincentes.

Conheci a esposa de um coronel de cavalaria, que seu marido magnetizava, e que se tornou sonâmbula; durante tratamento, uma indisposição obrigou-o a ser ajudado por um oficial do seu regimento; isso durou apenas de oito a dez dias. Algum tempo depois, durante uma sessão magnética, o marido, que havia colocado a esposa em sonambulismo, incentivou-a a se dedicar a esse oficial: "Ah! Esse infeliz! – ela exclamou –. Eu o estou vendo, ele está em ***; quer se matar; ele pegou uma pistola; correi, rápido...". O local indicado ficava a uma légua: montaram, imediatamente, a cavalo; porém quando chegaram, o suicídio estava consumado.

A vida espiritualizada dos sonâmbulos lúcidos que pode, em certos casos, iluminar à distância os objetos reais, quando eles se entregam à sua imaginação, não faz mais do que iluminar seu cérebro e trazer a ele as imagens de tais objetos: tal é a causa das ilusões dos que se esforçam para ver espiritualmente sem que seu estado lhes dê o meio. O poder que alguns magnetizadores exercem sobre a vontade de seus sonâmbulos contribui, também, a confundi-los e, quando eles lhes perguntam o que se passa na China ou na lua, estes esforçam-se para satisfazê-los e acabam, geralmente, por contar o que se passa em seu cérebro. A ilusão se forma e os engana; mas não há em tudo isso, nem dissimulação nem má-fé. Há alguns anos, vi, em Paris, em uma reunião mística, uma sonâmbula de quatorze anos declarar no meio de um salão, que o céu estava aberto para os seus olhos e anunciar que, chegada a Páscoa, o fervor de suas preces a elevaria e a sustentaria no ar entre o soalho e o teto. Sabemos bem que o milagre não se realizou; mas a moça, cuja fé se encontrava tão desiludida, quase enlouqueceu.

Tal espetáculo pode até parecer ridículo, no entanto, ele merece a atenção do observador, pois é importante conhecer por qual via chegou-se a esse estranho resultado; e, se alguém se interessar em rever o que eu disse sobre o trabalho da memória, dos sonhos e da loucura, encontrará nesse caso uma confirmação da minha teoria. Os cientistas, nos fenômenos psicofisiológicos, fazem apelo à imaginação; porém, em primeiro lugar, seria necessário que dissessem como ela age sobre os órgãos, de outra forma, nada explicariam.

A lucidez torna todas as sensações mais prolongadas, mais vivas e mais penetrantes: ela faz perceber uma grande quantidade de relações novas, e dá aos sonâmbulos inúmeros meios de avaliar as necessidades dos enfermos, e de apreciar o efeito dos medicamentos e os recursos da natureza: assim, os sonâmbulos, em suas consultas, sempre se esforçam, dispondo de sua vida, para fazer aplicação de sua afetibilidade magnética ao estado interno daqueles que os consultam. Algumas vezes, eles percebem apenas uma parte da doença, e com frequência se enganam, sobretudo quando dão consulta à distância, pois, no lugar de conduzir sua visão para os objetos que eles querem iluminar (o que cansa ainda mais, sobretudo porque os laços corporais estão menos relaxados), eles a conduzem muitas vezes para o seu cérebro, e aí veem o que eles próprios traçam, tal como nós vemos quando dormimos.

Os sonâmbulos preveem o término das enfermidades, e amiúde, indicam seu termo com uma precisão surpreendente. Foi assim que a senhora Lagandré anunciou para o dia seguinte, de manhã, a morte de sua mãe; e, a esse respeito, existe uma série de prognósticos funestos que se realizaram com uma escrupulosa exatidão. Nada direi sobre as previsões de outro gênero, nas quais algumas pessoas confiam, porque me propus apenas o exame das relações das faculdades da alma com os órgãos do corpo, que me parecem alheias às predições do futuro.

CAPÍTULO XVI
Sobre o magnetismo espiritual, o Iluminismo, a exaltação magnética, e a morte natural

Avaliamos a separação dos corpos pela extensão do espaço que se encontra entre eles; ao passo que as almas se afastam ou se aproximam pela oposição ou a conformidade de seus sentimentos e de sua vontade. Acabo de dar a conhecer como os sonâmbulos lúcidos servem-se espiritualmente da vida para iluminar o objeto de seus pensamentos, a qualquer distância[119]: esse modo de ação pertence inteiramente à natureza espiritual, e se liga ao corpo apenas pelas impressões que a afetibilidade magnética dele recebe. A afetibilidade ordinária não é acessível a tais interferências. Além disso, comumente só empregamos a vida nos limites do organismo: entretanto, a emissão magnética a conduz para fora; assim os magnetizadores podem dirigi-la natural ou espiritualmente, isto é, eles podem fazer o seu fluido seguir a via indicada pela situação material, ou então procurar espiritualmente em seus pensamentos a pessoa que eles querem com ele penetrar.

Esse último modo de agir é o que os magnetizadores empregam para adormecer ou despertar à distância; e, apesar de, em tais tipos de operações, eles se enganarem com frequência sobre a realidade dos efeitos, não podemos, entretanto, ignorar que, em certos casos, elas têm resultados incontestáveis.

Magnetizar é um ato da vontade, que ordinariamente dispõe da vida para um objeto externo. Podemos, na execução, fazê-lo tomar concomitantemente a via dos pensamentos e a das ações: então, magnetizamos, ao mesmo tempo, espiritual e naturalmente.

[119] Parece que fazemos o mesmo em todas as emoções da sensibilidade moral, e que pensando apaixonadamente em uma pessoa, nossa vida a ilumina imediatamente; mas esse resultado permanece ignorado, porque ele não é de natureza a impressionar a afetibilidade ordinária.

O magnetismo natural dirigido por uma boa-vontade lúcida é eminentemente útil; ele envia a vida do magnetizador em socorro do organismo enfermo, do qual ele aumenta, assim, os recursos e diminui os perigos. O mesmo não ocorre sempre com o magnetismo espiritual; seu principal objeto é, muitas vezes, produzir, sem necessidade, fenômenos extraordinários. Sei que grande quantidade de erros se mescla às maravilhas que ele faz nascer; mas ele produz fatos que não podemos negar e, quando pretendemos explicá-los, atribuindo-os à imaginação, seria preciso, ao menos, sabermos como ela age sobre os órgãos. Como eu já disse, enquanto ignorarmos por qual via a vontade se une à execução dos atos, a incredulidade, de um lado, e a superstição, de outro, buscarão explicações onde a verdade será sacrificada pelo desejo de fazer prevalecer uma opinião. Precisamos estudar a vida e seus usos para concebermos os resultados que ela pode trazer, e quando a conhecermos melhor, os fenômenos da psicologia fisiológica não serão mais abandonados às especulações de preconceitos contraditórios e entrarão no domínio dos conhecimentos positivos.

Penso que a base das possessões, das adivinhações, das comunicações com os espíritos e de todas as revelações verdadeiras ou falsas dos teósofos antigos e modernos seja o magnetismo espiritual. Não pretendo, de modo algum, pronunciar-me sobre a realidade das iniciações do iluminismo; todavia, se nos lembrarmos de como a vida espiritualizada nos serve em nossos sonhos para pintar as imagens com as quais a ilusão nos cativa, se compreendermos bem de que maneira um magnetizador consegue traçá-las no cérebro dos seus sonâmbulos, imaginaremos qual seria o resultado das comunicações com os espíritos. Só conseguiremos isso se dispusermos para eles o agente da vontade, e, em consequência, entregando a afetibilidade cerebral aos caprichos da inteligência que a usariam de acordo com suas fantasias. O homem cuja imprudência jogasse, assim, uma tábua sobre o abismo que nos separa do mundo espiritual, anteciparia o instante em que a morte o chamasse para se tornar o joguete de um poder cujo jugo tornar-se-ia mais pesado por sua impaciência para carregá-lo. Ser-lhe-ia impossível, depois, escapar das sensações fantásticas que o atormentariam, e o horror da sua situação aumentaria pela certeza de estar submetido a uma vontade inimiga, que só lhe mostraria atrás de si um futuro sem esperança. Não há coragem humana capaz de resistir a tão cruéis provações, e a morte ou a loucura seriam sua inevitável consequência. Que luz, aliás, tais comunicações poderiam fornecer? No sono, elas se confundem com as imagens dos sonhos, e durante a vigília, nunca sabemos que parte as alucinações podem tomar. O desejo de conhecer nem seria plenamente satisfeito por relações reais com os espíritos, pois elas só chegariam à nossa sensibilidade por meio da vida e por intermédio da afetibilidade cerebral, isto é, elas seguiriam a via das lembranças e não nos esclareceriam sobre o outro mundo senão pelas analogias que ele pode ter com o nosso. Neste mundo, só sentimos por meio da afetibilidade; é preciso que a alma tenha se livrado da vida e de algum modo desnudada para receber imediatamente as sensações. Até então as comunicações se limitariam a reproduzir impressões conhecidas que vontades alheias suscitariam em um cérebro entregue a seus caprichos.

É somente nos cansando pelos esforços de uma concentração espiritual, que poderíamos tentar fazer a vida tomar a direção que acabo de indicar, e creio ter dito o bastante para esclarecer sobre os inconvenientes de tais manobras. As ilusões se multiplicam quando a curiosidade se apropria do magnetismo; e os sonâmbulos, lançados na via do maravilhoso, enumeram suas visões com a confiança que eles dão às suas sensações: todos nós nos expressaríamos da mesma forma, se durante o sono manifestássemos nossa opinião sobre os próprios sonhos; e, entretanto, os observadores superficiais veem nessa segurança apenas hipocrisia e decepções.

Talvez fosse mais conveniente estudar os fenômenos que por si só o estado lúcido oferece, antes de examinar aqueles devidos unicamente à vontade dos magnetizadores. Aliás, é certo que uma curiosidade indiscreta por vezes pode ter os mais funestos resultados, e o caso seguinte é um triste exemplo disso. Três magnetizadores se reuniram certa noite com uma sonâmbula lúcida; eles pretendiam, com sua ajuda, esclarecer-se sobre os mistérios do outro mundo, e a pressionaram a procurar ver o que se passava no inferno. Após uma primeira recusa, a sonâmbula cedeu à insistência deles; porém, mal havia ela começado suas explorações, que foi tomada por convulsões tais que morreu antes que se conseguisse acalmá-las[120]

[120] Tal caso foi-me contado por um amigo meu, e penso que a sonâmbula

Nossa estada na Terra se mantém por uma espécie de equilíbrio entre o poder que a vida dá à afetibilidade sobre a sensibilidade da alma e aquele que ela oferece à vontade sobre o organismo. O fluido nervoso e a vida espiritualizada se balanceiam e formam o nó de nossa existência; contudo, no sonambulismo lúcido, suas relações mudam, e o domínio da espiritualidade se estende: assim, as emoções morais tornam-se, então, mais vivas, e quase sempre elas trazem uma lucidez extraordinária: eu as vi conduzir dois sonâmbulos à exaltação magnética. Esse último estado é raro, e as circunstâncias que o acompanham são mais propícias a produzir o medo do que a fazer nascer a curiosidade. Ignoro se podemos ir além e entrar, a seguir, nos laços da vida.

Quando um sonâmbulo, em lucidez muito elevada, se abandona inconsideradamente aos movimentos de sua alma, esta pode imprimir à vida espiritualizada um impulso suficientemente enérgico para separá-la de repente do organismo; é o que chamo de exaltação magnética. O corpo permanece, então, sem movimento; a respiração para imediatamente; os batimentos cardíacos não são mais sentidos; os lábios e as gengivas se descolorem, e a pele, que a circulação cessou de animar, adquire uma tonalidade lívida e amarelada. É mais do que um desmaio comum que deixa subsistir algum sinal de vida; os membros erguidos caem com o abandono da morte, e tudo parece indicar ao magnetizador que doravante ele tem apenas um cadáver sob a mão.

Esse espetáculo assustador que eu não havia previsto, primeiramente me surpreendeu, mas minha dedicação e minha confiança não me abandonaram, pois senti que eu possuía ainda mais a vida, à medida que o meu pensamento se elevava para o além.

Apressei-me em fazer minha sonâmbula sair de um estado tão perigoso, e quando ela pôde responder às minhas perguntas, eu soube que seu organismo havia permanecido intato, mas que no momento em que a emoção moral havia interrompido suas comunicações com a afetibilidade, as circulações sanguínea e nervosa haviam cessado,

---

viu somente as cenas infernais que ela mesma traçava em seu cérebro; mas isso não impediu que o resultado fosse a morte daquela infortunada. Além do mais, o modo de existência no estado lúcido parece estar muito próximo daquele da alma separada do corpo. Não conhecemos os limites dos fenômenos que ele pode produzir; porém sempre há a mais condenável imprudência ao expor, para satisfazer uma vã curiosidade, a saúde e talvez a vida de um sonâmbulo confiado aos nossos cuidados.

ao passo que a vida espiritualizada retinha ainda a alma indecisa, vacilando como uma chama acima da lâmpada que se apaga.

Normalmente, no estado lúcido, um sonâmbulo teme a morte; porém, na exaltação, longe de temê-la, ele parece desejá-la, e nos fala do seu corpo como um objeto estranho que ele vê fora de si[121].

Além disso, gostaria de salientar que ao sair da exaltação magnética, o sonâmbulo perde a memória, como ele se esquece do que se passou no sonambulismo, quando retorna à vida comum.

A morte é súbita e, fisicamente, nada oferece de doloroso quando um movimento da alma a decide; porém, quando ela é consequência do enfraquecimento do corpo, é frequentemente acompanhada de longas angústias que levam à nossa sensibilidade suas relações com um organismo que se destrói. Todavia, quando a velhice traz o fim de uma existência honrada, a morte é, antes, mais tranquila e solene do que assustadora e triste. Posso citar um exemplo disso: uma mulher de oitenta e poucos anos jazia em seu leito; os médicos haviam se retirado, pois a condição da paciente não oferecia nenhum recurso: eram os últimos esforços da natureza expirante. Uma sonâmbula, que eu magnetizava, consentiu em ser testemunha. Aproximou-se em um recolhimento religioso, e reconheceu que a vida começava a abandonar o corpo: o trabalho era feito nos plexos. Quando a vida espiritualizada se libertou desse primeiro laço, ela se reuniu no cérebro, e, logo depois, a alma arrastou-a como um véu luminoso que a envolvia[122]. Esse véu luminoso é precisamente a chama que, na exaltação magnética, retém a alma indecisa; e os anais do sonambulismo poderiam relatar vários fatos análogos. Um dos meus amigos contou-me o seguinte caso:

Uma jovem, ternamente amada por seus pais, morria aos quatorze anos, após terem se esgotado todos os recursos da medicina. Meu amigo tinha uma sonâmbula muito lúcida e pediram-lhe que a levasse até lá; mas, mal ela havia entrado no quarto, disse, parando: "A doente expira, não há

[121] Na exaltação magnética, os sonâmbulos só entram nos laços da vida comum cedendo à vontade do seu magnetizador. "Por que me chamar à vida? – dizia-me um sonâmbulo nesse estado – se o senhor se afastar, esse corpo que me incomoda se esfriará, e minha alma não estará mais aqui quando o senhor retornar".

[122] Podemos ver, em *Esquisse de la nature humana* [*Esboço da natureza humana*], os pormenores desse fenômeno, e a maneira pela qual minha sonâmbula pressentiu, por uma espécie de intuição, a presença da alma sob esse véu luminoso.

mais tempo; sua alma a abandona, vejo a chama de sua vida que se desprende do cérebro". Com efeito, não restava mais do que um corpo inanimado: tudo estava acabado.

Só falei do magnetismo vital porque a psicologia psicológica deve examinar seus fenômenos, e porque eles me pareceram propícios para dissipar grande número de obscuridades.

Hei de convir que o estado lúcido parece-me romper o equilíbrio de nossa existência terrena e aí fazer predominar a ação da alma; porém o sonambulismo é ainda uma rara exceção; ao se generalizar, ele colocaria em evidência uma anomalia cujas consequências, na posteridade, poderia ser que nossa encarnação não mais teria ilusões e perderia seu objetivo. O conhecimento da vida parece-me um dos últimos que esteja reservado ao homem, cujo aparecimento na Terra deve, provavelmente, ter um fim se, como tudo indica, ele remonta apenas a aproximadamente sete mil anos.

As mentes avisadas acusar-me-ão de credulidade; mas peço-lhes para se lembrarem de que, na minha opinião, a vida não é mais do que uma aplicação do movimento elementar a um uso específico; indico como ela se forma, e que antes de falar dos fenômenos do sonambulismo, expliquei a lucidez pela introdução de uma das modificações vitais nas vias inabituais. Não mais se trata de fatos isolados, que podemos admitir ou rejeitar com mais ou menos prevenção, porém das consequências de um sistema no qual tudo se liga. Muito observei, muito comparei, e exponho com simplicidade por qual via minha convicção se formou: cabe ao leitor julgar se eu raciocinei bem ou mal.

CAPÍTULO XVII
Exame das causas do medo da morte e dos efeitos do desenvolvimento e da degeneração do corpo em relação à alma; considerações gerais sobre a influência recíproca entre o físico e o moral

Normalmente, o medo da morte nos é apresentado como a prova do nosso amor pela vida. A poesia aproveitou essa opinião e fê-la passar como uma fábula encantadora. Entretanto, quando a existência não oferece mais do que uma sucessão de sofrimentos, ela se torna um fardo cruel, e se a morte ainda atemoriza, é porque é considerada uma operação útil, mas dolorosa. Aliás, qualquer pessoa que tenha acompanhado o curso das longas enfermidades, pôde observar que com frequência o homem doente considera seu fim como um benefício, quando já perdeu a esperança de recuperar a saúde.

Tais reflexões levaram-me a procurar qual poderia ser o motivo do medo que a degeneração do corpo geralmente provoca, e concluí que ele tem como causa uma inquieta previsão do futuro, bem como as relações que o fluido nervoso estabelece entre a afetibilidade dos órgãos e a sensibilidade da alma.

Nas comunicações recíprocas, feitas por meio da vida, tudo o que vem do corpo nos adverte que sua natureza é perecível; nós lhe devemos a dor das doenças destrutivas e o pavor da destruição. A lucidez dos sonâmbulos não lhes oferece nenhuma mudança a esse respeito; porém o mesmo não ocorre quando chegam à exaltação magnética, pois eles deixam de temer a morte a partir do momento que sua alma não mais confunde o aparelho das sensações com sua sensibilidade.

A união das duas naturezas que reunimos aqui na Terra, produz um contraste entre a previsão da destruição e o sentimento de imortalidade. A consciência que nosso ser espiritual tem dessa ordem das coisas, inspira-lhe, algumas vezes, pelo seu parceiro, uma piedade terna bem afastada da secura do egoísmo. A alma compadece-se dos destinos dos corpos como dos destinos de um companheiro de viagem que ela deve abandonar: ela lhe dá lágrimas e ternos lamentos, pois sabe que um dia ele perecerá. Devemos a esse sentimento melancólico o encanto de inúmeras poesias e de trechos de música, e ele ofereceria, ao voltar à sua origem, uma nova prova da dualidade de nosso ser.

A exaltação magnética põe fim ao medo da morte, interrompendo as comunicações com a afetibilidade e, desde que a alma sentiu sua independência, ela manifesta a vontade de não mais entrar em um corpo cujos órgãos atrapalham sua liberdade; ela ignora o destino que a espera, mas conhece os entraves que ela deixa.

A vida apropria-se de nossos meios de conhecimento e os encerra nos órgãos dos sentidos; é uma verdade que estabeleci anteriormente, e não concebo que possa existir outro meio de colocar um ser espiritual em comunicação com o mundo dos corpos. Esse modo de existência tem o inevitável resultado de fazer a inteligência sofrer as vicissitudes ligadas à natureza dos instrumentos que ela emprega, e enquanto o trabalho dos pensamentos é feito no cérebro, o poder de pensar sofre as consequências da destrutibilidade desse órgão. O mesmo ocorre com o conjunto das relações entre físico e o moral. Primeiramente, lhes devemos a impotência da primeira idade, sua memória fugidia, sua alegria e suas lágrimas que um nada estimula e basta para acalmar. Na juventude, a energia do desenvolvimento e a abundância da vida comunicam à alma uma sensação habitual de poder, de prazer e de atividade. Logo, a jovialidade da primavera cede lugar ao vigor da idade madura, e, na velhice, o entorpecimento, o tédio e o mau humor são os últimos frutos da união com um organismo que se destrói[123].

Tais são os principais períodos da influência do físico sobre o moral; e sob esse ponto de vista, a vida não é pre-

[123] Um médico perguntava aos seus pacientes jovens qual tristeza os afligia, e aos idosos tristes qual doença os fazia sofrer. Em vão o homem em sua velhice procura esconder de si mesmo a aproximação de seu fim: os títulos, as condecorações e as honrarias não impedem a morte, no meio do poder social, de se anunciar pela sensação do perecimento que cerca nossos últimos dias. Os animais selvagens, e sobretudo os pássaros, parecem, a esse respeito, mais bem favorecidos.

cisamente nem um bem nem um mal, é uma sequência de sensações produzidas pelas diversas fases do desenvolvimento e da degradação do corpo.

Considerada no âmbito da influência do moral sobre o físico, a existência do homem neste mundo tem consequências ainda mais importantes; pois, por meio da vida, a alma faz o corpo partilhar a agitação das paixões, e acaba por alterar sua constituição e até suas formas externas.

Os animais estão, a esse respeito, em uma ordem diferente da nossa; sua inteligência está subordinada às necessidades que a nossa satisfaz como lhe aprouver; seu organismo determina sua vontade, ao passo que a nossa vontade dispõe tão imperiosamente do corpo que ela pode ordenar que ele se destrua e se fazer obedecer imediatamente. Anteriormente, ressaltei que era a essa diferença que devíamos atribuir a variedade das formas humanas e a constância das dos animais, seu estado estacionário e nossa perfectibilidade.

Muitas vezes, a liberdade do ser moral influi de uma maneira prejudicial sobre a saúde do corpo; devemos-lhe uma série de doenças, e é uma triste herança que as paixões dos pais transmitem a seguir aos filhos. O homem não é mais o que deve ter sido originariamente, e em vão procuraremos seus traços no estado selvagem, pois é evidente que a depravação pode fazer progresso tanto na via do embrutecimento quanto sob a influência das sociedades civilizadas.

O homem da natureza é aquele que seria em total conformidade com o que demanda a natureza do homem, e acabamos de ver que devemos nossa perfectibilidade à preeminência do moral sobre o físico: assim, no homem da natureza, a alma deve dirigir o corpo e controlar seus apetites: aquele que age contrariamente a esse preceito, entra em uma ordem subversiva; utiliza sua liberdade para o mal, e logo aí ele faz progressos, pois sua perfectibilidade impõe-lhe a necessidade de avançar.

A submissão da inteligência dos animais às necessidades do organismo, torna-os estacionários; assim, neles as formas oferecem poucas variedades e os corpos se reproduzem quase iguais. O mesmo não ocorre com o homem; frequentemente ele abusa da sua liberdade para exigir de certos órgãos serviços excessivos, que incitam a vida a neles se concentrar em maior quantidade; o que acaba, ao influir nas gerações, por destruir a harmonia e mudar as formas.

Assim, em determinado indivíduo, o cérebro desenvolve-se desmesuradamente e o resto definha sem vigor, ao passo que em outros indivíduos o órgão gerador mostra-se forte em um corpo tão fraco que ele não pode, após a juventude, sustentar o peso da existência. Em alguns outros, a excitabilidade é excessiva e a força dos órgãos quase nula, enquanto em vários outros, quando chegam à maturidade, a consistência dos sólidos ultrapassa sua excitabilidade. Geralmente, o corpo humano apresenta um conjunto, cujas partes parecem mal harmonizadas: aqui os braços têm uma dimensão desmesurada, ali são as pernas; ao passo que em outra parte, a vasta extensão do abdome repousa sobre coxas curtas e delgadas.

Tampouco existe mais harmonia na vitalidade; assim, quase todos os homens que apresentam uma longa carreira morrem aos poucos e veem em si a vida se extinguir sucessivamente em cada órgão. Se um vício, ou a falta de vitalidade, se manifesta em alguma parte essencial, o indivíduo nem chega à velhice; ele sucumbe prematuramente na luta contra uma morte difícil e disputada.

A reciprocidade das relações entre o moral e o físico dá a este uma influência de reação cujos efeitos são notáveis; e quando os pais viveram constantemente em um movimento apaixonado, o organismo dos seus filhos os dispõe, com frequência, a tomarem a mesma direção. Por exemplo, a excessiva mobilidade da vida, em um corpo eminentemente excitável, provoca os acessos de cólera, ocorrendo quase a mesma coisa com as outras paixões.

São esses os principais resultados dos abusos de sua liberdade que os homens cometeram; eles constatam o domínio da alma sobre o corpo, e assinalam uma das causas das deteriorações do físico: entretanto, podemos sempre, sob esse último aspecto, voltar, imaginariamente, ao estado de natureza, supondo um organismo eminentemente apropriado para preencher todas suas funções. O mesmo não ocorre com o ser espiritual, cujas faculdades se aperfeiçoam tanto no bem como no mal; e para ele o estado de natureza deve se encontrar no uso dos sentimentos apropriados para fazer sua felicidade.

Deixando de lado o prestígio das relações da alma com o corpo, reconhecemos que os sentimentos do amor a Deus e aos nossos semelhantes são os únicos adequados a nos conduzir à felicidade. Esses sentimentos, passando de um mundo a outro, não mudam de natureza; eles permanecem do modo que os fizemos, e podemos garantir que a religião só é útil na medida em que ela contribui a nos tornar melhores: a fé pode contribuir, certamente, mas foi dito, com razão, que, se ela é um dom de Deus, não cabe ao poder humano impô-la como uma lei. Além disso, um ser bom, livre dos laços da vida que só lhe davam motivo para sofrer, deve, necessariamente, ser feliz.

Acabo de explicar fenômenos que, na minha opinião, devem resultar necessariamente da união de uma alma com um corpo, e, nessa demonstração, meu pensamento se desnudou para deixar o leitor em condições de apreciar com mais justeza os motivos da minha convicção. Certamente, poder-se-á fazer melhor, e espero que, na sequência, muito melhor será feito; mas eu abro o caminho, e pensei que meu trabalho podia ser de alguma utilidade; com esse intuito, fiz com que fosse acompanhado de reflexões sobre a religião considerada em suas relações com as leis da natureza.

CONSIDERAÇÕES GERAIS
SOBRE A RELIGIÃO
E SOBRE O ESTADO ATUAL DO CRISTIANISMO
EM SUAS RELAÇÕES COM AS LEIS DA NATUREZA HUMANA

A religião, considerada independentemente dos dogmas, deve sua origem às leis da criação; pois faz parte da natureza humana elevar-se a Deus pelo sentimento e o pensamento; assim, a base é imutável e só engendra união e amor; mas a forma varia, ela pertence aos homens, e muitas vezes produz divisões entre eles[124]. Hoje em dia, não concebemos mais o que ocorreu, sob a influência do politeísmo, com a fé e os costumes populares. Adorava-se, então, uma série de forças desconhecidas, e a religião se individualizava, para cada família e até para cada pessoa, em crenças íntimas. Parece que essas superstições encontravam analogias no mundo dos espíritos, e que, para os que se entregavam à exaltação religiosa, elas às vezes se manifestavam nos sonhos e até durante a vigília. Em meio a essa confusão geral, a ideia da unidade de Deus e o sentimento da felicidade espiritual apagavam-se, pouco a pouco, do espírito e do coração dos povos[125].

Tal era a degradação das massas, quando apareceu a religião de Cristo. Nessa época, a lei antiga tornara-se insuficiente, mesmo para o povo judeu, e parece que hoje podemos quase dizer o mesmo do cristianismo. Na verdade, a tradição, as profecias e os milagres não são suficientes para as convicções do século, pois é preciso assentar a fé em outras bases quando os homens só admitem verdades

[124] A base da religião pertence à sensibilidade moral, e a forma à sensibilidade sensual; uma provém da ação da alma sobre o corpo, e, a outra da reação do corpo sobre a alma.

[125] Um dos meus amigos conheceu, em Paris, uma família descendente, em linha direta, de um antigo sacerdote de Minerva, que ainda mantinha o culto da deusa.

que eles pensam compreender. Assim a religião deve, agora, para penetrar nos corações, começar por convencer os espíritos. As pessoas instruídas podem, certamente, fazer ciência, dirigir-se às inteligências e recorrer às Escrituras Sagradas; porém, em termos de religião, a ciência é usada, e as discussões eruditas não produzem mais do que convicções raras e pouco comunicativas. Um homem eloquente pode ainda encontrar em suas emoções força suficiente para, por um momento, despertar os sentimentos religiosos adormecidos; porém esse entusiasmo momentâneo logo se esfria, e o tempo quase sempre reconduz ao culto das realidades materiais.

O ceticismo é a característica do século; é preciso que o reconheçamos sem esperar doravante retornar à fé confiante de nossos pais, pois as gerações não retrocedem no curso das ideias, assim como os indivíduos não retrocedem no curso da vida, e a vontade do homem seria impotente para assentar a religião sobre sua base antiga.

Aliás, no estado atual da civilização, as classes superiores dificilmente acreditam em algo além dos seus interesses sociais e, caso conseguissem submeter a razão das massas (sempre pouco esclarecidas) ao jugo da fé, os grandes nisso veriam apenas um meio de garantir seu poder, e a religião popular reduzir-se-ia ao fanatismo do culto[126]. Não se voltaria, dessa forma, às convicções cristãs; mas o mal teria um progresso pelo qual os governos dominadores vêm ansiando há muito tempo.

As ciências nos elucidaram suficientemente sobre a incerteza das teorias religiosas para que elas possam, doravante, ser a única base para nossas convicções; mas se a revelação se tornou duvidosa, sempre encontraremos o princípio da religião escrito na natureza humana, e é aí que agora devemos estudá-lo.

Desde sempre, falando em nome do céu, as pessoas pretenderam submeter a razão ao dogma; e, entretanto, se as leis da natureza são a vontade de Deus, manifestada pela ordem da Criação, é preciso reconhecer que nunca foi permitido ao homem renunciar à tocha que lhe foi dada para se esclarecer. Quanto mais uma verdade for importante, mais ela nos imporá o dever de um exame sério.

A revelação não deve entrar em minhas pesquisas; contudo, eu gostaria de conciliá-la com o progresso das lu-

[126] Nos tempos de Jesus Cristo, a religião dos judeus reduzia-se, para as massas, ao fanatismo do culto.

zes; e se tentasse explicar nesse sentido o estado atual da religião, eu designaria o reino de Deus como um símbolo do poder velando pela infância do mundo, o de Jesus Cristo como o amor fundador da fé, e a era na qual entramos como o reino do espírito que sustenta a fé, apoiando-a na ciência, ou seja, no conhecimento das leis da natureza.

As Escrituras Sagradas tiveram que assumir a cor da época em que surgiram. Confesso, agora, que eu teria preferido a clareza de um estilo simples ao brilho das parábolas; e não posso me impedir de lastimar que os Evangelhos não tenham sido escritos pelo seu autor[127]. A esse respeito, ninguém ignora que em uma época já afastada dos primórdios da Igreja, foi preciso um milagre para separar a verdade do erro, e esse milagre pode ser atribuído à política dos papas que se tornaram poderosos. A fé apoiava-se em outras bases quando os discípulos de Cristo recebiam o dom das línguas e justificavam sua missão por prodígios, mas nada semelhante hoje se manifesta, e parece que se tem a justificativa para disso concluir que o Espírito Santo não está mais com a Igreja, ou então que o tempo presente demanda outro tipo de instrução.

Com efeito, a ausência dos milagres parece-me uma advertência de que, doravante, os homens devem buscar a verdade com as luzes de sua própria razão. A filosofia moderna pensou entrar nessa via rejeitando o que ela não concebe. Entretanto, tudo deve ceder ao poder dos fatos, e poucas verdades históricas são mais bem estabelecidas que a vida e os atos de Jesus Cristo; quanto aos dos apóstolos, eles são escritos com um caráter de simplicidade, de cuja boa-fé não podemos duvidar.

Ademais, a inteligência humana raramente percebe as causas e, em certos aspectos, a razão nos conduz por si só a admitir o que ela não compreende. Com efeito, uma inteligência limitada não poderia conceber o infinito que não tem limites, e, entretanto, somos levados a reconhecer sua existência, pois o infinito se manifesta a nós por relações finitas cuja realidade nos atinge incessantemente.

Os dois primeiros infinitos que se oferecem ao pensamento humano são o tempo e o espaço.

O tempo não é precisamente uma sucessão de dias, de meses ou de anos, e essas locuções designam apenas uma

[127] O preceito "Amarás ao Senhor, teu Deus, de todo o teu coração, e ao teu próximo como a ti mesmo" é a base da religião, e talvez seja porque ele é de natureza a ser transmitido oralmente, sem alteração, que Jesus Cristo nada tenha escrito.

passagem mais ou menos longa em um infinito chamado tempo. O mesmo ocorre quando contamos por gerações ou por revoluções astrais, pois nada fazemos do que designar por aí porções limitadas do tempo sem limites, do qual temos a consciência, mas que não concebemos. Devemos dizer o mesmo do espaço, nós o medimos na Terra, nós o medimos nos céus; porém, além das distâncias mensuráveis se encontra o espaço sem limites, tão inconcebível quanto o tempo, e que devemos, entretanto, admiti-lo, pois, para limitar essas duas imensidões, todos os esforços da imaginação apenas conseguiriam criar um tempo e um espaço novos. Assim, o homem é levado a reconhecer a infinitude do tempo e do espaço pela impossibilidade de limitar de outra forma o que ele concebe a não ser por espaço e tempo, quer dizer, pela impossibilidade de lhes conceber limites.

Deus é o infinito dos infinitos, é a causa sem causa; inutilmente tentaríamos compreendê-lo, ele escapa dos esforços da inteligência humana; porém, a natureza de nosso ser nos oferece relações finitas com Ele, e é aí que se encontra a base eterna das religiões.

Os pensamentos do homem não se encerram, como os dos outros animais, em um círculo traçado por suas necessidades; eles se elevam, ao contrário, para a imensidão; e, para mensurar o tempo e o espaço, ele criou a ciência do cálculo que, em seu uso, atinge o infinito. Aplicando, a seguir, essa ciência à exploração dos céus, conseguimos erguer um canto do véu que nos esconde a obra da Criação; e a ordem e a imensidão nos revelaram uma causa primeira, inteligente e infinita. A existência de Deus é-nos, pois, demonstrada como uma necessidade que precisamos admitir sem concebê-la, tal como admitimos a infinitude do tempo e do espaço.

A contemplação dos céus atesta a presença de Deus; porém, é bem mais nos sentimentos do coração do que nas convicções do espírito, que a religião encontra sua base e seu verdadeiro santuário. O homem traz em si a consciência de suas relações com a Divindade; ele O agradece por sua prosperidade; O invoca em seus sofrimentos; O adora de diversas maneiras, e a multiplicidade dos cultos é a prova de uma necessidade universal, que a natureza humana manifestou em todos os povos e em todos os tempos.

Nossos corpos são produzidos pela terra que os alimenta, e os apetites do organismo deveriam a ela associar todos os nossos pensamentos; entretanto, quaisquer que sejam nossas propriedades, elas não podem, neste mundo, preencher o vazio de nosso coração, que se sente atraído por outra pátria. Reconhecer Deus e adorá-Lo é uma necessidade que todos os povos procuraram satisfazer por um culto, quase sempre desfigurado pela superstição. Talvez fosse mais fácil para o homem moldar a Divindade à sua imagem, emprestando-lhe suas paixões, suas vinganças e suas cóleras, do que se elevar em sua direção por um sentimento de reconhecimento e de puro amor; todavia, podemos estar certos de que, estudando nossa própria natureza, a fonte da felicidade da alma reside no amor divino e de nossos semelhantes.

"Amarás o Senhor, teu Deus, de todo o teu coração, e o teu próximo como a ti mesmo. Destes dois mandamentos dependem toda a lei e os profetas". A lei e os profetas, segundo a fé, contêm todas *as verdades celestes reveladas.* É digno de nota que essas palavras, que, em sua simplicidade sublime, resumem as prescrições da religião cristã, não fazem mais do que manifestar o que já nos ensinava a própria natureza da alma humana. Não se trata de dogmas ou de mistérios; Jesus não se dirige a um determinado povo, ele proclama a lei comum a todos, e que cada homem é chamado a praticar para sua felicidade.

Não me explicarei sobre Jesus Cristo; mas ainda que ele fosse apenas um homem, quando disse que a religião se resumia no amor a Deus e ao próximo, essas palavras, tão simples e tão conformes com nossa natureza, ainda teriam proclamado uma verdade eterna.

Segundo a fé, do amor a Deus e do amor ao próximo dependem toda a lei e os profetas, eles fazem a felicidade da alma humana; mas a felicidade da alma, é o paraíso, e a razão não admite outro. Provavelmente falou-se de moradas de delícias e de locais de sofrimento; entretanto, por si mesmos, eles oferecem apenas ocasiões para sentir, e não constituem nem a felicidade nem a infelicidade. O paraíso e o inferno são estados opostos, e não locais diferentes. Como já disse, cada homem modifica sua sensibilidade moral, empregando-a nos sentimentos de sua escolha, e assim, ele decide o seu futuro; pois, passando de um mundo a outro, a sensibilidade continua sendo o que dela ele fez. Enquanto estivermos na Terra, as sensações que o organismo nos proporciona e as ambições excitadas pela ordem social podem produzir uma espécie de satisfação; mas, a ilusão cessa com a vida, e a alma, entregue a si mesma, só encontra felicidade nos sentimentos afetuosos.

Amem a Deus e a seus semelhantes, e já nesta vida vocês trarão o paraíso em sua alma[128]. Foi assim que meu espírito concebeu as palavras de Cristo, que encontrei escritas em meu coração. É deplorável que, desde seus primórdios, a religião cristã tenha se tornado um objeto de controvérsia que os escolásticos gregos sobrecarregaram de sutilezas, pois a religião nasce conosco e, como todas as criações de Deus, nós a sentimos melhor do que a imaginamos. Desejaram fazer dela uma ciência; porém todas as ciências são criações do homem, e o amor a Deus não se aprende; é uma faculdade da alma que se desenvolve pelo uso; assim Jesus sempre só pregou a moral. A obra do homem, mesclando-se, na religião à obra de Deus, parece-me nem sempre ter-Lhe deixado espaço suficiente.

Jesus havia dito que estaria no meio daqueles que se reunissem em Seu nome, quer dizer, no amor a Deus e ao próximo; pois era de coração, e não de boca para fora, que era preciso se reunir em nome de Cristo. Podemos ver no sumário dos Concílios Ecumênicos, a seguir, quais assuntos foram neles tratados[129].

O primeiro Concílio Ecumênico realizou-se em Niceia, em 19 de junho de 325; tratou do exame das opiniões de Ário[130], que ele anatematizou. Esse doutor ensinava que o Verbo era uma criatura, filho de Deus por adoção, e de natureza diferente da do Padre Eterno. Nesse concílio, adotaram o símbolo[131] ou profissão de fé, e imaginaram o termo *consubstancial*.

O segundo Concílio teve lugar em Constantinopla, em 381; ele anatematizou diversas heresias: uma negava a divindade do Espírito Santo; outra, ensinava que em Cristo a divindade fazia as vezes da alma racional; uma terceira pretendia que Deus Filho não possuía qualquer semelhança com Deus Pai; uma quarta só reconhecia uma pessoa em Deus e via apenas um homem em Jesus; outra negava as três pessoas divinas, e defendia que, em Cristo, a divindade representava o espírito.

Esse Concílio confirmou o Credo Niceno, e a ele acrescentou que Jesus, nascido de Maria, procedia de Deus Pai. Mais tarde (em 1549, sob o pontificado de Paulo XIII) deci-

[128] São Lucas disse: "O reino de Deus está em nós".

[129] Omiti-me sobre tudo o que nos concílios tem como objeto o regulamento da disciplina da Igreja.

[130] N. T. – Heresiarca do século IV, fundador da doutrina arianista, considerada herege.

[131] N. T. – Também conhecido como Credo Niceno.

diu-se que ele também procedia de Deus Filho.

O quarto Concílio foi aberto em Calcedônia, em 08 de outubro de 451: ele declarou herética a profissão de fé de Eutiques, e decidiu que Jesus Cristo encerrava duas naturezas em uma só pessoa.

O terceiro Concílio Ecumênico foi aberto em Éfeso, em 22 de junho de 431; ele anatematizou as heresias dos nestorianos[132], pelagianos[133] e dos messalianos[134].

O quarto Concílio iniciou-se em Calcedônia, em 08 de outubro de 451: declarou herética a profissão de fé de Êutiques[135], e declarou que Jesus Cristo encerrava duas naturezas em uma pessoa.

O quinto Concílio foi aberto em Constantinopla, em 4 de maio de 553; condenou os escritos de Teodoro de Mopsuéstia, de Teodoreto de Cirro e de Ibas de Edessa[136].

O sexto Concílio Ecumênico teve início em Constantinopla, em 7 de novembro de 680; nele foi debatida a encarnação de Cristo, e foram declarados heréticos Sérgio, Macário[137] e seus partidários; aí reconheceram que havia duas vontades em Jesus.

O sétimo Concílio, iniciado em 27 de setembro de 787, realizou-se em Niceia; seu tema foi o culto das imagens, e nele os iconoclastas foram condenados.

O oitavo Concílio, aberto em Constantinopla no dia 05 de outubro de 869; nele foi tratado, principalmente, da deposição do Patriarca Fócio e de suas heresias.

O nono Concílio teve lugar em Roma, em 1125; seu objetivo foi regulamentar as atribuições entre a Igreja e o império. Deste Concílio nada permaneceu.

O décimo Concílio iniciou-se em Roma, em 1139, na

[132] N. T– Seguidores da doutrina proposta por Nestório, Patriarca de Constantinopla, que prega a desunião entre as naturezas humana e divina de Jesus Cristo.

[133] N. T. – Seguidores da doutrina defendida por Pelágio, monge bretão, que negava o pecado original, colocando o homem como totalmente responsável por sua salvação, sem necessidade da graça divina.

[134] N. T. – Seguidores do movimento ascético cristão, surgido na Ásia Menor no século IV, que rejeitava a eficácia dos sacramentos, privilegiando a oração como meio para a salvação espiritual. Também são conhecidos como euquitas.

[135] N. T. – Monge de Constantinopla, fundamentou a heresia do monofisismo, segundo a qual em Cristo havia apenas uma natureza.

[136] N. T. – O Quinto Concílio Ecumênico foi convocado pelo imperador Justiniano I para acabar com uma controvérsia entre nestorianos e eutiquianos. Os principais pontos de discórdia foram as conhecidas obras da Escola Antioquina da Igreja Síria, intitulada "Os Três Capítulos". Teodoro de Mopsuéstia, Teodoreto de Cirro e Ibas de Edessa, expressaram claramente o erro nestoriano [Fonte: fasbam.edu.br].

[137] N. T. – Sérgio I, Patriarca de Constantinopla, Macário, Patriarca de Antióquia, defensores do monotelismo, que admitia em Cristo uma única vontade e uma única operação ou princípio de atuação.

Igreja de São João de Latrão; condenou os maniqueístas e os petrobusianos[138] que pensavam que a eucaristia não encerrava o corpo de Jesus Cristo, e rejeitavam as preces pelos mortos.

O décimo primeiro Concílio, aberto em São João de Latrão em 1179, anatematizou três antipapas, e condenou as heresias dos valdenses[139] e dos cátaros[140].

O décimo segundo Concílio realizou-se em São João de Latrão, em 1215. Condenou várias heresias, entre outras as dos albigenses[141]. Ele consagrou a palavra *transubstanciação,* e declarou que o corpo e o sangue de Jesus Cristo eram transubstanciados na eucaristia.

O décimo terceiro Concílio, reuniu-se em Lyon, em 1245; o papa excomungou o imperador Frederico II, que foi deposto do império[142].

O décimo quarto Concílio, realizado em Lyon, em 1274 tratou da reunião das Igrejas gregas e romanas, a reforma dos costumes e os cuidados que demandavam a Terra Santa.

O décimo quinto Concílio, teve lugar em Vienne, Dauphiné, em 13 de outubro de 1311; foi tratada a destruição da ordem dos Templários. Condenaram a heresia de Pierre Jean d'Olive, que afirmava que o *corpo e a alma não são essencialmente uma mesma pessoa*[143].

O décimo sexto Concílio foi aberto em Constança, em 05 de novembro de 1414; depôs três papas que disputavam entre si a tiara, e elegeu o papa Martinho V, que condenou as heresias de Jan Hus[144] e de Jerônimo de Praga[145].

O décimo sétimo Concílio realizou-se em Ferrara, em

[138] N. T – Cristãos, do século XII, que não aceitavam o culto a Maria, a veneração de imagens. O movimento teve origem com Pedro de Bruys que se desligou da igreja Católica Romana e fundou sua igreja em 1125.

[139] N. T. – Seguidores de Pedro Valdo, rico comerciante de Lyon na França que abandonou tudo para seguir a vida eclesiástica e praticar o voto de pobreza. Caracterizavam-se por fazer votos de pobreza e de desapego às coisas materiais. O grupo foi combatido pela Igreja Católica durante o século XII (Fonte: Wikipédia).

[140] N. T. – Adeptos do catarismo, seita de caráter dualista, que afirmava que toda criação vinculada ao mundo material era obra de um deus mau. Ao deus bom os cátaros atribuíam apenas o mundo espiritual. Assim, eles pregavam o afastamento das coisas materiais, ligadas ao deus mau. Para eles, a criação não era atribuída a Deus, mas sim ao deus mau. (Fonte: https://brasilescola.uol.com.br/historiag/heresia-dos-cataros-cruzada-albigense.htm),

[141] N. T. – Outra denominação pela qual são conhecidos os cátaros, em referência à cidade de Albi, no Sul da França, que se converteu ao catarismo.

[142] Foi a partir desse concílio que as decisões dos papas predominaram nessas assembleias.

[143] A esse respeito, a opinião do Concílio estava em conformidade com a dos materialistas, que sempre declararam que uma alma não podia existir sem corpo.

[144] N. T. – Reformador tcheco que criticava o poder terreno da Igreja, defendendo a justiça social.

[145] N. T. – Reformador religioso, seguidor de Jan Hus.

1438; ele havia sido precedido de outro Concílio aberto em Basileia, que não teve resultados. Nele, discutiu-se a dissidência das Igrejas grega e latina, e o papa Amadeu VIII foi considerado antipapa.

O décimo oitavo e último Concílio Ecumênico iniciou-se em Trento, em 1545; tratava-se de encerrar a controvérsia levantada por ocasião da Reforma religiosa; nele examinou-se qual devia ser a fé em relação ao pecado original, e decidiram que a Virgem havia nascido sem esse pecado.

Esse Concílio contém uma grande quantidade de cânones sobre a justificação e sobre os efeitos da graça. Também se discutiu sobre o poder e os efeitos dos sacramentos, e encontramos, a propósito do casamento, um cânone que declara anátema qualquer pessoa que afirme que o casamento é preferível ao estado de virgindade e de celibato[146].

Tais são as principais matérias tratadas pelos Concílios Ecumênicos. Ignoro que parte teve o amor de Deus em suas decisões; mas parece-me que naquelas assembleias, a penetração dos doutores exerceu-se sobre questões que a inteligência humana não poderia conceber. Não discutirei a natureza divina, pois ela me parece tão incompreensível que penso que ela esteja fora do alcance do espírito limitado, tanto no mundo espiritual quanto na Terra. Entretanto, foi assim que, debatendo uma série de questões problemáticas, que fizeram da religião, tão simples e tão sublime nas palavras de Cristo, uma ciência difícil, que escapa da convicção por meio de raciocínios, e que impuseram com força.

Tampouco me ocuparei com os mistérios que as leis da natureza (a vontade de Deus manifestada pela ordem da criação) colocam fora da minha inteligência; mas creio dever lembrar a esse respeito que se a fé é um dom de Deus, não compete aos homens impô-la como uma lei. É sempre com profunda aflição que vejo sobre tais matérias eminentes personagens prodigalizarem o anátema, e sinto-me feliz porque o objetivo de minhas pesquisas me permite deixá-los de lado.

A religião, tal como a concebo, concentra-se inteiramente nos sentimentos do coração. Amar traz a felicidade à alma, e a felicidade da alma, é o paraíso. Tais são, aos meus

[146] Anátema significa execrado, destinado às chamas do inferno; entretanto, tendo Deus dito aos nossos primeiros ancestrais: crescei e multiplicai-vos, parece que se podia, sem pecado, disso concluir que o casamento era preferível ao celibato, do qual Ele não fala.

olhos, as leis da natureza espiritual, e as almas a ela são submissas, como os corpos o são às leis da natureza física.

Jesus Cristo, imolando-se pela humanidade, dizia aos seus discípulos: "Amai-vos uns aos outros, como vos amei". É o único legislador que tomou o amor por base de sua lei; mas convém explicar esse sentimento tão puro que tantas pessoas parecem desconhecer.

Eu expliquei, anteriormente, o porquê de as lembranças do coração se apagarem quando nos tornamos incapazes de sentir suas emoções. Os sentimentos extintos não se concebem mais. Todavia, a inteligência, que o amor a Deus cessou de iluminar, deseja ainda compreender a religião, e a substitui por uma série de práticas; ela pensa que na via que assim ela se abriu, ela se elevará até a Divindade pelas austeridades da penitência. Parece-lhe que o caminho da vida não está suficientemente semeado com sarças e que é preciso lhe acrescentar alguns espinhos. A piedade consiste, segundo ela, em agir apenas na visão de Deus. Ignoro que ideia fazem da salvação aqueles que, para tornar a caridade meritória, despojam-na, assim, do encanto ligado ao fato de acudir seu semelhante; mas, se o paraíso é a felicidade da alma, eles devem dispor dele muito mal, tentando extinguir em si mesmos os sentimentos que o criam. Podemos, aliás, encarar como certo que o amor ao próximo é uma emanação do amor a Deus.

Sempre foi mais fácil infligir castigos a si mesmo do que se tornar melhor; assim, em toda parte, os homens imaginaram oferecer seus sofrimentos a Deus, como expiação de suas faltas. Parece que, para obter a bem-aventurança eterna, as penitências sejam, neste mundo, uma espécie de moeda corrente, e a exaltação religiosa produziu, quanto a isso, excessos deploráveis. Não é raro vermos, nas Índias, fanáticos se deixarem esmagar sob as rodas da carruagem de seu ídolo. Entretanto, as leis da natureza são obra de Deus, e transgredi-las, mortificando nosso corpo, parece um meio estranho de agradar ao seu autor.

Talvez o moral deva comandar e o físico obedecer; pois é também uma lei de nossa natureza, e é até a única que nos distingue dos outros animais; mas se o homem se degrada, fazendo da satisfação da carne o único objeto de seus interesses, disso não decorre que Deus tenha desejado que ele sofresse em um corpo, cujas misérias e prosperidades Ele compartilhou neste mundo. "Comei o que encontrardes", respondeu Jesus interrogado sobre a necessidade das mortificações. Tenho dificuldade em me persuadir que, depois, alguém tenha dito algo mais sábio.

Apenas o amor pode preencher a alma inteira com o mais doce encanto, qualquer outro sentimento nela deixa um vazio atrás de si, pois o pensamento assenta-se muito mal em sucessos de ambição ou de orgulho, sempre acompanhados de inquietações, e cujos prazeres egoístas possuem uma secura fatigante; mas, poderão me dizer, parece difícil amar a Deus, e elevar nossas afeições para um princípio infinito que não vemos, e que até não poderíamos conceber. Tal é a causa do antropomorfismo das religiões; ela é devida, creio eu, ao tipo de educação que recebemos. Ocupamo-nos exclusivamente em desenvolver a inteligência em suas relações com a sensibilidade sensual; de modo que, chegando à sensibilidade moral, o raciocínio, dominado pelo hábito, conduz-nos a pensar que antes de amar, é necessário para o coração um objeto conhecido; todavia, essa efusão de amor não ocorreria se a fonte já não estivesse em nós mesmos.

Uma alma terna sente a necessidade de amar, mesmo que ela esteja no mais completo isolamento. Ninguém corresponde às suas afeições, mesmo assim ela sente que o amor traz a felicidade suprema, ela faz homenagem a Deus com a faculdade de amar que obteve Dele. É uma fonte de amor que, lançando-se com a vida para além dos mundos visíveis, jorra novamente junto ao seu autor. O que precisamos saber sobre Aquele que nos criou, para sentir que, dando-nos um coração Ele nos chamou para a felicidade de amar, e para oferecê-la a Ele por um impulso de amor? Adorar a Deus não é orar a Ele, não é imaginar um ser superior para fazer-Lhe pedidos; é prestar homenagem ao Criador da força de amar que Ele nos deu. Essa homenagem pode ter uma inefável doçura; pois é usar no infinito a única coisa que faz a felicidade da alma.

Adorar a Deus é ainda abrir-Lhe nosso coração com toda força de nossa vontade; é mostrar-Lhe quanto somos ternamente ligados àquele que nós amamos; é, ainda, fazer-Lhe ver, algumas vezes, como esse coração está partido de dores e repleto de lágrimas.

Tal é a adoração, ou ao menos como a concebo; é um sentimento ao qual a sensibilidade moral do homem o conduz naturalmente. Todas as nossas afeições estão, então, ligadas a ele; pois não podemos nos elevar assim a nosso Autor, sem sentirmos vibrar imediatamente todos os laços de ternura que nos unem aos nossos semelhantes[147].

Amar aqueles que mais intimamente se aproximam de nós, não é somente estarmos contentes com a felicidade deles, é ainda sofrer com suas dores e chorar com suas lágrimas; é, em suma, encontrar a felicidade fora de si, e colocá-la naqueles que nosso coração escolheu. Infelizmente, na Terra, o egoísmo se mistura, muitas vezes, com as mais ternas afeições; exigimos tanto quanto damos, e esse cálculo, sem generosidade, leva-nos a dar mais valor aos sentimentos que queremos inspirar do que às pessoas de quem os esperamos em troca. Vêm, então, as delicadezas exageradas, as suscetibilidades excessivas e as exigências importunas; a confiança se extingue, e a felicidade de amar desaparece com ela[148].

O amor se mescla naturalmente com a atração dos sexos, e podemos aí reconhecer três graus: o primeiro detém-se no exterior, o segundo invade a vida, e, o terceiro, que penetra na alma, sobrevive ao corpo, e assemelha-se ao amor dos anjos; pois ele é, como este último, inseparável do amor a Deus, e repleto de uma ternura que parece nos afastar da Terra. Cingimos em nossos corações aqueles que amamos, para aproximá-los o mais possível da reação da alma no organismo[149]; mas parece que no mundo espiritual, há confusão da vida das almas pela efusão de sua ternura recíproca. Alguma coisa, já neste mundo, adverte-nos que apenas nossos corpos se opõem a essa união íntima que nossos corações parecem estar pedindo.

Atualmente, tantas pessoas reduzem a aproximação dos sexos à união puramente física, que poderia causar surpresa o fato de que, na minha mente, essa aproximação deveria ser preparada por um sentimento inseparável do amor a Deus. Nossos costumes são tais que o maior benefício da criação, longe de lembrar ao homem a adoração ao seu Autor, parece, ao contrário, fazê-lo desejar ser esquecido, pois ele se sente envergonhado do movimento brutal que o leva a abrir o caminho para as gerações futuras[150]*.

Entretanto, entre nós, o moral deve dominar o físico, é

[147] Parece que a ternura dos anjos entre eles os une sempre no amor a Deus.

[148] Os verdadeiros sentimentos não cegam, e só sentimos afeições de alma por aqueles que estimamos; mas podemos estar enganados; é preciso, então, afastarmo-nos sem queixas, e não esquecermos que a manutenção das relações com as pessoas más nunca é sem perigo.

[149] Vide nota na página (20 – ensaio de psicologia fisiológica 3, nota**).

[150] Segundo o Gênesis, após o pecado original, nossos primeiros ancestrais sentiram vergonha de sua nudez, e Adão, em vez de responder à voz de Deus, foi se esconder em um bosque.

a lei da natureza humana, e é deplorável que nos rebaixemos à dos animais no ato mais importante de nossa existência terrena. As afeições morais deveriam preceder o casamento, e agora ficamos felizes quando elas o seguem. Não falarei do pecado original, como imaginado pelos que só veem de cima e de longe; mas há outro pecado original, que nasce conosco, e se renova na formação de cada organismo. Vimos, em outra parte, que a vida, executando as ordens da vontade, refletia fisicamente a ação dos pensamentos e dos sentimentos[151], e podemos julgar, por isso, sua influência sobre o feto que ela acabou de animar. As suas formas são modificadas, e, em termos materiais, os resultados são evidentes[152]; creio que também são válidos para o moral. Provavelmente, uma boa educação pode remediar, a seguir, o vício desse primeiro impulso; mas não é menos lastimável que a vida tenha sido recebida em um movimento espiritual contrário às leis da natureza humana. Penso que se duas ou três gerações sucessivas fossem chamadas ao mundo com um sentimento de puro amor, os organismos melhorariam, e o moral aproximar-se-ia do moral dos anjos[153]. Talvez seja o caminho mais seguro para restabelecer a felicidade na Terra, e chegar a uma regeneração cuja necessidade, geralmente, sentimos. A castidade, proclamada como a primeira virtude do sexo feminino, parece, para muitos, algo ridículo para os homens. Todavia, penso que ao sair dos braços da infeliz que vende suas carícias, o homem deve sentir alguma vergonha de si mesmo e da companheira que ele escolheu. Será uma depravação bem funesta separar seu coração dos seus sentidos, se ela deve ter para as gerações futuras consequências fatais;

[151] Vide página (16 desta parte) e seguintes.

[152] Em 1831, durante a festa de Saint-Cloud, vi um singular efeito da ação espiritual em uma menina, que na época tinha de seis a sete anos; ela trazia escritas ao redor da pupila dos seus belos olhos azuis as palavras: *Napoleão imperador:* essa criança lançou longe dela, com um gesto imperioso, a lupa de um observador que a cansava. Parece que em certos casos, o apelo recíproco dos dois sexos pode influir na formação do sexo dos fetos; de modo que a predominância feminina produziria meninos, e a masculina meninas, o que explicaria a semelhança destas com o pai, ao passo que, geralmente, os meninos parecem com suas mães.

[153] Os homens não nascem iguais sob nenhum aspecto, embora alguns filósofos tenham feito essa afirmação, pois se, na origem, todas as almas estão em um estado de igualdade, os corpos aos quais a vida as une não são nem tão vigorosos, nem tão saudáveis, nem também tão propícios a servir a inteligência. A existência dos homens na Terra deveria se prolongar de cento e cinco a cento e doze anos. Daí, podemos julgar a deterioração do físico. De resto, a vida dos anjos na Terra não seria isenta de dificuldades. Jesus Cristo dizia, falando aos seus discípulos: "Eis que vos envio como ovelhas ao meio dos lobos", e eu acrescentaria que para não serem devoradas, as ovelhas precisam de prudência.

porém, no atual relaxamento dos costumes, parece merecer alguma indulgência aquele que pode interiormente se dizer: ser-me-á muito perdoado, porque muito amei.

Terminarei esta obra repetindo que a religião cristã, em sua simplicidade, parece-me se resumir nessas poucas palavras: "Ama a Deus de todo o teu coração e ao teu próximo como a ti mesmo". Pois essas palavras reúnem, na minha opinião, a fé e o paraíso; quer dizer, a ideia da verdade e o sentimento da felicidade espiritual. É preciso, para sua aplicação, acrescentar a elas o preceito que é apenas um corolário: "Não faças ao teu próximo aquilo que não queres que façam a ti mesmo" e, a seguir, caminhar com confiança no caminho da vida.

FIM

APÊNDICE
AO ENSAIO DE PSICOLOGIA FISIOLÓGICA

Noções extraídas dos fenômenos do Sonambulismo lúcido e das revelações de Swedenborg sobre o mistério da encarnação das almas e sobre seu estado durante a vida após a morte

PREFÁCIO

No homem, a vida une o espírito à matéria; é por esse intermédio que eles se comunicam entre si; e se a física tivesse descoberto os elementos da natureza, neles teríamos procurado os da vida, pois ela parece-nos a única chama que possa lançar algumas luzes sobre o mistério de nossa encarnação.

Porém, na física, os elementos permaneceram desconhecidos, e as hipóteses criadas no seu lugar não poderiam substituí-los. Examinaram os corpos sólidos para decompô-los; e os cientistas, limitando-se ao estudo da materialidade dos efeitos, recusaram-se a buscar suas causas. A ciência tornou-se materialista, porque o procedimento adotado em seus estudos não lhe permitia ser diferente. Ela quis remontar dos compostos aos simples, e os elementos da natureza lhe escaparam.

Se, ao contrário, ela tivesse ido dos simples aos compostos, reconhecendo, primeiramente, um elemento na luz, ela o teria identificado como o agente universal da criação, a fonte da vida, e, sob essa transformação, o elo que, no homem, une a alma ao corpo. Talvez os cientistas pudessem voltar atrás e reconhecer o elemento luminoso; mas dificilmente se abandona um modo de instrução ilustrado por admiráveis descobertas, e os preconceitos mais difíceis de destruir são sempre os da ciência. Contudo, é preciso convir que na direção dada às pesquisas, o mistério de nossa encarnação encontra-se situado fora do caminho das descobertas: assim devemos renunciar a estudá-lo, ou nos abrir um novo caminho.

O que eu indico, parece-me conduzir ao objetivo; e, para disso se certificar, convido o leitor a rever o que já disse a esse respeito[154], página 11, Capítulo III (ensaio de psicologia fisiológica 1).

A fé nas aparições de espíritos, disseminada entre nossos ancestrais, atualmente é considerada fruto de uma credulidade grosseira, a qual se tem vergonha de compartilhar; entretanto, desde que concordemos com a existência do mundo espiritual, suas comunicações com a Terra se encaixam na ordem das probabilidades; indicarei sua via tal como julguei identificá-la, pois para mim não se trata de sonhos de uma imaginação ativa, mas do resultado de pesquisas realizadas em uma via que a própria natureza pareceu me abrir. Esforçar-me-ei para ser claro, a fim de que antes de me julgar, todos possam me compreender. A alma sobrevive ao corpo? Tal é, a meu ver, o verdadeiro nó da dificuldade; e peço àqueles para os quais a questão é ainda duvidosa que me prestem alguma atenção. Ademais, não recorrerei, nas minhas explicações nem às teorias acadêmicas, que julgo errôneas, nem às Escrituras Sagradas, cuja autoridade cessa nos limites da fé.

O hábito que temos neste mundo de exercer nossa inteligência no círculo das necessidades terrenas nos dispõe a descartar como ilusória qualquer pesquisa ulterior. Dir-se-ia que a fé na imortalidade da alma é uma fé morta, pois quase sempre só agimos em vista de nossos interesses temporais. Entretanto, as próprias sensações que nos põem em relação com o mundo dos corpos só têm de material o acidente que as causa, e a destrutibilidade dos órgãos, cujo uso somos aqui forçados a fazer, é quase a única base do materialismo. A espiritualidade, ao contrário, manifesta-se em nós por uma intuição que a proclama, pela força da imaginação, que, com frequência nos faz gozar ou sofrer fora dos limites da atualidade, pela imensidade de nossas paixões, tão desproporcionais à duração de nossos corpos, pelo sono e os sonhos, e por uma série de outros fenômenos, tais como os do sonambulismo lúcido, que demonstram que a vida terrena não faz mais do que prestar

[154] Nele o leitor verá como o progresso dos estudos físicos conduziu os cientistas a suprimirem o elemento luminoso em proveito de um éter fantástico.

ao ser espiritual a ajuda dos órgãos materiais, sem os quais toda ligação com a Terra lhe teria sido impossível[155].

A Antiguidade acreditava nas comunicações com o outro mundo; e disso relata numerosos exemplos que o século atual classifica como fábulas. Entretanto, atualmente, as aparições de espíritos não são mais raras que outrora: só que estão escondidas sob o véu do ridículo, com o qual podemos encobrir a verdade tão bem quanto o erro.

Hei de convir que os fatos desse gênero pedem uma explicação, e a darei tal como pensei tê-la constatado; mas para fazê-la ser compreendida, é necessário que seja precedida de algumas noções sobre o modo de existência das almas. Além disso, peço ao leitor lembrar-se de que estudei a natureza em uma via pouco conhecida, e que faço um apelo ao seu exame e não à sua credulidade.

[155] O estado lúcido, ao mudar o modo de afetibilidade, prova que os órgãos corporais são instrumentos dos quais a alma faz um melhor uso à medida que eles se tornam mais adequados para servir suas faculdades. O trabalho dos pensamentos segue as vicissitudes do cérebro, porque a alma aprisionada na vida só recebe sensações e apenas pode pensar neste mundo por intermédio desse órgão.

CAPÍTULO I
Considerações gerais sobre a vida do corpo humano, em suas relações com a vida da alma

Vimos, no meu *Ensaio de Psicologia,* que o elemento luminoso é a alma do mundo físico, que ele entra na formação de todos os corpos, e que a combustão, ao destruí-los, não faz mais do que reproduzi-lo para os nossos olhos. É, na realidade, a luz absorvida pela vegetação das florestas que escapa da madeira quando esta é queimada. Essa grande verdade, que a natureza proclama, não poderia por muito tempo ser seriamente contestada; e para ocultá-la de nossos olhos, foi preciso os esforços do gênio e toda a fascinação da ciência. Todavia, é importante bem reconhecê-la a fim de compreender o que irá se seguir, pois todas as comunicações entre os dois mundos se fazem por meio da vida, e a luz é a sua fonte.

A substância luminosa é o movimento elementar. O sol a espalha sobre a Terra; é uma criação intermediária entre o espírito e a matéria, é o princípio de toda atividade física; ela não é a vida, mas ela vai se torná-la para a porção individualizada em cada organismo, que dela se apropria e a modifica, dando-lhe seu caráter específico.

Da mesma forma, no outro mundo, um sol espiritual espalha por toda parte o elemento da atividade, e cada alma, para alimentar sua sensibilidade, absorve uma porção dele, o que a coloca em contato com as criações que a cercam[156].

As almas modificam o elemento espiritual, assim como nossos corpos modificam os raios solares, pois, dele se apropriando, elas lhe transmitem o movimento de suas vi-

[156] Neste mundo, o homem comunica-se apenas indiretamente com o exterior por meio dos órgãos do corpo, e quando um deles vem a faltar, as sensações que ele trazia não se renovam mais; porém elas permanecem na memória da alma, e consequentemente, no seu poder de sentir.

das; e como viver, para elas, é amar ou odiar, disso resulta, segundo Swedenborg, que cada uma exala a seguir, ao seu redor, uma atmosfera particular impregnada de amor ou de ódio, de dedicação ou de egoísmo.

Parece que as almas se apossam das emanações do astro espiritual por uma espécie de aspiração, e deles se apropriam em um trabalho executado no occipício[157]. Tal aspiração continua na Terra após a encarnação da alma; ela atrai uma porção do fluido nervoso, que se espiritualiza ao escapar do cérebro, e permanece à disposição da vontade[158].

Assim, a união da alma com o organismo não ocorre pela confusão de suas naturezas, mas por sua aproximação e a assimilação das duas vidas que o homem reúne na Terra.

Dominamos os corpos por sua materialidade e as almas por sua sensibilidade, pois as formas destas são materialmente inacessíveis. O mistério da encarnação do ser espiritual consiste, pois, em tornar sua sensibilidade acessível às criações terrenas. O fluido nervoso que serve a esse fim, apropria-se da sensibilidade da alma que ele envolve ao se espiritualizar e ao lhe traduzir em sensações as impressões que os órgãos receberam; assim ele a livra de qualquer outro dano e lhe abre o mundo dos corpos, fechando-lhe o dos espíritos. Na verdade, materialmente falando, a alma não está em lugar nenhum: na realidade, ela se encontra apenas no lugar em que a sensação a apreende, e deixa de estar presente no que ocorre em um membro paralisado. Nossas lembranças, na Terra, executam-se com o agente e sobre o aparelho das sensações que aí recebemos, ou seja, com a vida e no cérebro; de modo que o trabalho da memória aí não poderia transpor os limites da existência do corpos. Por um motivo análogo, os sonâmbulos lúcidos perdem a memória dos fatos a partir do momento que seu cérebro cessa de possuir a afetibilidade magnética necessária para reproduzir sua sensação[159].

Esta exposição preliminar pareceu-me necessária: ela não é extensa; porém, ao nela nos aprofundarmos, podemos extrair noções úteis para a compreensão do que irá seguir. É um verdadeiro passo em direção a um mundo desconhecido, e espero que os homens realmente espiritualistas aí encontrem probabilidades suficientes para seguir-me com algum interesse.

[157] N. T. – Parte inferoposterior da cabeça.

[158] No momento da morte, a alma leva essa modificação vital que a envolve. Vide páginas 12 e 13 (ensaio de psicologia fisiológica 5).

[159] Vide páginas 14 e 15 (ensaio de psicologia fisiológica 4).

CAPÍTULO II
Observações sobre a maneira pela qual as almas veem o sol espiritual, segundo as revelações de Swedenborg

O sol espiritual difunde o elemento da sensibilidade no céu como o nosso difunde o elemento do movimento na Terra. Esses dois astros animam mundos diferentes que, sem o intermédio da vida, não teriam qualquer relação entre si. Com efeito, a alma, por sua natureza, livra-se do vínculo material, e não possui ação imediata sobre os corpos (vide p. 2) (ensaio de psicologia fisiológica 3): assim, Swedenborg diz que para ver a Terra os anjos pediam emprestado seus olhos. Neste mundo, recebemos passivamente todas as sensações que nos chegam do exterior, e nossa alma só é ativa naquelas devidas aos trabalhos interiores de nossa inteligência. Contudo, no estado lúcido, quando o modo de existência do homem terreno se aproxima da espiritualidade, acontece que sua vontade pode ir buscar a imagem dos objetos, iluminando-os com a luz de sua vida[160]. Então os sonâmbulos os veem ativamente, e sempre diante de si[161]. Swedenborg afirma que os anjos veem, da mesma forma, o sol espiritual sempre diante de si.

Essa revelação é uma dessas singularidades que nada podia fazer supor, e que, entretanto, os fenômenos do estado lúcido fazem compreender que pode ocorrer com as almas. Perguntem a um sonâmbulo como ele vê, apesar dos obstáculos e das distâncias: ele responderá que ele vê porque ele quer.

---

[160] Vide página 2 (ensaio de psicologia fisiológica 5). No estado normal, a luz vem encontrar nossos olhos, pois vemos passivamente.

[161] Ou seja, a luz com a qual os sonâmbulos iluminam os objetos sempre vem refletir a imagem deles em seus olhos; explicarei esse fenômeno, pois erroneamente supõe-se que neles a faculdade de ver, deslocando-se, é transmitida a diferentes órgãos.

Parece que com isso ele nada fez além de recuperar uma faculdade da qual nossa encarnação nos proíbe o uso. Com efeito, neste mundo a luz do dia circula livremente, de modo que recebemos passivamente as imagens que ela nos traz, ao passo que, no estado lúcido, a vida se torna uma luz para os sonâmbulos. A vontade dela dispõe e se serve, iluminando os objetos com os quais se preocupam: assim, dois sonâmbulos colocados de costas um para o outro podem ver as mesmas coisas se a atenção deles para elas estiver voltada.

Ver ativamente (quer dizer, por um ato da vontade) é uma faculdade espiritual que parece pertencer à natureza da alma, e nós a usamos aqui para iluminar o trabalho de nossos pensamentos. É essa iluminação interior que se traduz em sensação durante o sono e forma as imagens dos nossos sonhos. O mesmo não ocorre durante a vigília, pois as imagens de nossas lembranças apagam-se diante daquelas dos objetos presentes, quase como a luz das estrelas apaga-se diante da claridade do dia[162].

A alma, quando se libertou dos entraves do organismo, lança a luz de sua vida sobre tudo o que muito a ocupa: assim, no mundo espiritual, as distâncias relativas às pessoas não mais são medidas pelo espaço que se encontra entre elas, mas pela conformidade ou a oposição dos sentimentos e dos pensamentos.

A luz física é o motor do mundo material: é o elemento da vida, e vários povos adoraram o astro que a irradia. No outro mundo, um sol espiritual exerce funções análogas: ele é, de acordo com Swedenborg, o primeiro descendente de Deus; porém, como o amor é o elemento da vida das almas, disso decorre que nos anjos uma relação moral se estabelece entre eles e o astro divino. Essa relação produz sua felicidade, de modo que, remontando à sua origem, sua adoração dirige-se naturalmente a ele. Cada anjo, diz Swedenborg, recebe o céu que está fora dele de acordo com o céu que está dentro dele, quer dizer que, quanto mais ele tem amor, mais ele recebe, pois o amor atrai o amor. Por essa razão, os anjos constantemente devem ver o sol espiritual diante deles, já que seu coração está sempre com ele, e que a luz de sua vida ilumina, em seu cérebro, o objeto que os atrai. Os demônios, ao contrário, nunca veem ativamente o sol espiritual, porque eles dispõem do ele-

[162] Além disso, durante a vigília, a alma possui muito ativamente a afetibilidade do cérebro para permitir que a ilusão dos sonhos nele se forme. Vide páginas 29-30 (ensaio de psicologia fisiológica 3).

mento de sua vida em um espírito de egoísmo e de orgulho que a desvia de sua origem.

A religião de Cristo é puro amor, e no céu, parece aos cristãos que Jesus não foi na Terra senão uma encarnação humanizada da luz divina, que eles reencontram no sol espiritual. Swedenborg afirma que é desse astro que as Escrituras falam quando diz que os santos verão Deus face a face[163].

Além do mais, a fé dos cristãos a esse respeito aproxima o objeto de sua adoração da natureza humana, e lhe dá mais facilidade de se elevar até ele. Parece, contudo, que o coração do homem sente a influência de Deus, ainda que seu espírito não possa concebê-lo, e que para adorá-Lo, não é indispensável revesti-Lo de uma forma.

Vários sonâmbulos, no estado lúcido, viram o sol espiritual, e para os que creem na imortalidade[164], os fenômenos que acabo de expor devem parecer de acordo com a natureza das coisas. Terminarei este capítulo lembrando que, há mais de mil anos, Platão, inspirado por uma intuição semelhante à de Swedenborg, também havia declarado que o mundo espiritual era o mundo das causas, e a Terra o dos efeitos, que ele era iluminado por um sol de natureza diferente de uma outra, que sua luz era de uma pureza da qual nada se aproxima, e que ela era a fonte da felicidade e da verdade. Vemos que essas revelações estão totalmente em conformidade com as do profeta sueco[165]*. Elas parecerão bizarras àqueles cujas convicções materialistas elas contrariam; entretanto, é preciso que reconheçamos que os fenômenos do sonambulismo lúcido aí acrescentam fortes probabilidades.

---

[163] Swedenborg afirma que os anjos não veem o Filho de Maria no sol espiritual, mas o Cristo que sempre existiu. Santo Agostinho diz também que os eleitos serão iluminados por uma luz que jorra da humanidade santa e da divindade de Cristo (*Manual de Santo Agostinho*).

[164] As almas são imortais, mas o princípio da atividade de sua vida consome-se e renova-se constantemente. Ocorre quase a mesma coisa com o movimento dos planetas, que também parecem imperecíveis.

[165] Durante as êxtases de Swedenborg, a Terra desaparecia aos seus olhos. Também parece que Sócrates, no estado de êxtase, deixava de vê-la.

CAPÍTULO III
Revelações de Swedenborg relativas ao magnetismo animal[166]

O gênio das ciências irradia sobre as inteligências que ele ilumina tamanho brilho, que as autoriza, de alguma forma, a apenas crerem nele: assim, os cientistas raramente consentem em descer, da altura a que se elevaram, ao exame dos fatos contrários às suas luzes excepcionais. Daí, a dificuldade de fazer-lhes constatar os fenômenos do sonambulismo lúcido. Todavia, esses fenômenos foram produzidos em tão grande quantidade, que parece que todo observador de boa-fé deve considerá-los incontestavelmente estabelecidos.

O mesmo não ocorre com as explicações que quiseram lhes dar. Entretanto, as que expus no meu *Ensaio de Psicologia* me parecem sair da própria natureza de nosso modo de existência na Terra, e previno que as apresentarei como verdades reconhecidas que me servirão de ponto de partida.

Segundo Swedenborg, a atmosfera de vida procedente do homem é leve e fraca no dorso, mas forte e densa no peito; e quando nossa vontade dela dispõe visando ao bem, ele afirma que assim podemos influir utilmente sobre nossos semelhantes. A alma – diz Swedenborg – comunica-se pelo corpo que lhe serve de invólucro, e a influência espiritual espalha-se, sobretudo, pelas mãos, porque elas são o *ultimum* do homem, e que nele, como em toda a natureza, o primeiro está contido no último. Assim, a alma e o corpo têm o essencial de seu poder nas mãos, e eis porque Jesus Cristo curava os enfermos pela imposição das mãos.

Swedenborg morreu em Londres, em 29 de março de

[166] Previno que, ao citar Swedenborg, pretendo, sobretudo, falar das maravilhas do céu e do inferno, reveladas por este autor.

1772, mais de dez anos antes da publicação realizada em Paris da descoberta do Mesmerismo[167].

É digno de nota que os fenômenos do magnetismo animal confirmaram, posteriormente, tudo o que ele dissera anteriormente; ainda demonstraram que o estado lúcido que se aproxima da espiritualidade apresenta a maneira ativa de ver que o profeta sueco havia observado nos anjos. A sinceridade de Swedenborg parece-me acima de qualquer suspeita, e creio na realidade das visões por ele reveladas, pois embora minhas explorações tenham seguido outro rumo, muitas vezes estive de acordo com ele. Ele afirma, por exemplo, que no outro mundo a mentira não é mais possível, porque lemos na face do homem-espírito suas afeições e sua vontade, e a esse respeito, aprendi que o homem terreno só consegue enganar ocultando a fisionomia de sua alma atrás daquela que ele faz seu corpo assumir; de modo que um sonâmbulo bem lúcido facilmente a descobre, e que a morte, arrancando-lhe a máscara, necessariamente a expõe.

Swedenborg distingue, com razão, a memória externa da interna, e na sequência, talvez eu me explique a esse respeito, assim como a tantos outros, nos quais reconheci a verdade de suas revelações. Todavia, minhas pesquisas não me forneceram nenhuma luz capaz de me fazer adotar as opiniões dogmáticas do profeta sueco, sobre as quais se concentrou por muito tempo antes de suas visões. Veremos até, no próximo capítulo, que não compartilho sua fé sobre a encarnação das almas e sobre a época de sua criação. Deverei observar sobre isso, que ao se comunicarem conosco, os espíritos se servem de nossa memória, pedem emprestada nossa linguagem e comumente se conformam às nossas convicções (Vide páginas 29-32 (ensaio de psicologia fisiológica 3).

[167] N. T. – recurso ao magnetismo animal e ao hipnotismo como forma de tratamento e cura de doenças, segundo o método do médico alemão Mesmer (1734-1815) (Fonte: *https://www.infopedia.pt/dicionarios/lingua-portuguesa/mesmerismo*).

CAPÍTULO IV
Sobre a criação das almas e sua encarnação na Terra

Hoje é geralmente reconhecido que a criação dos mundos é um ato do poder divino, cuja época indeterminada perde-se na noite dos tempos; mas muitas pessoas ainda pensam que isso não ocorre com a criação das almas, e que ela se renova durante a formação de cada corpo. Swedenborg emite essa opinião, que me parece errônea e que, aliás, suas revelações desmentem, pois ele afirma por toda parte que a forma do corpo é devida à da alma, que o mundo espiritual é o mundo das causas, e a Terra, é o mundo dos efeitos, e que até a maioria dos espíritos ignora que existe um mundo diferente do seu.

Ademais, o profeta sueco não nos esclarece se a alma procede de Deus ou da união dos sexos, nem, neste último caso, de qual maneira a criação aí se opera. Os livros santos não são mais explícitos e, a esse respeito, a fé introduziu-se na religião cristã sem nenhuma explicação[168]. Entretanto, parece que uma explicação teria sido desejável, pois, por parte dos homens, haveria tanta loucura quanto orgulho em se persuadirem de que, dispondo à sua fantasia de órgãos perecíveis, eles podem criar almas imortais[169].

Para resolver tal questão é preciso distinguir cuidadosamente o espírito da matéria. O corpo humano é apenas um instrumento do qual a vida, aqui embaixo, empresta o

[168] Lemos no Gênesis que Deus, após a formação do corpo do homem: ***Inspiravit in faciem ejus spiraculum vitae*** [*Inspirou em sua face o sopro da vida*].
É evidente que aqui não se trata da alma, mas do sopro de vida; e se esse sopro forma a união do ser espiritual com o corpo, devemos concluir que eles existiam anteriormente. Além disso, o homem estabeleceu-se na Terra depois dos outros animais, que a habitavam havia muito tempo.

[169] Essa opinião seria favorável aos materialistas, pois se a criação da alma era a consequência da formação do corpo, a destruição deste tornaria provável o aniquilamento daquela.

uso às faculdades espirituais e, quanto à sua reprodução, o fenômeno que encerra em uma bolota o embrião de um carvalho é evidentemente o mesmo para todos os organismos vivos, seja no reino animal, seja no reino vegetal. Aqui não se trata de criação, mas de um mistério de mecanismo e de assimilação em que a matéria e a vida assumem uma forma determinada por aquelas dos organismos que as trabalham. Assim, todos os corpos ao se destruírem acabam por devolver à matéria a porção que momentaneamente haviam tomado emprestado. O poder de criar pertence unicamente a Deus, e, no ato da geração não poderíamos admitir que para a espécie humana ele esteja incessantemente em ação, sobretudo quando não vemos em nenhum outro lugar qualquer traço de nova criação, e que tudo parece anunciar que na origem Ele foi procedido por leis gerais e de uma só vez[170].

Parece-me, pois, verossímil que Deus tenha criado ao mesmo tempo as almas, a vida e a matéria; e os corpos, que são formas que se renovam constantemente, e cujos elementos o mundo físico fornece. Admitindo-se tal hipótese, o sistema da reprodução seria o mesmo para todos os corpos vivos, e os homens limitar-se-iam, no ato da geração, a comunicar ao embrião humano o princípio de sua forma específica e o movimento de sua vida individual. Anteriormente, expliquei como no homem terreno a afetibilidade do corpo une-se à sensibilidade espiritual[171]. Vimos que um eflúvio nervoso se espiritualiza e escapa para a alma, que ele cativa ao envolver sua sensibilidade. Da mesma forma, durante a concepção de uma criança, um jato de vida espiritualizada e de fluido nervoso une-se para individualizar a vida no embrião, cativando a alma que nele se encontra envolvida[172]. Se, entretanto, nenhuma alma aí estiver envolvida, então pode se produzir uma mistura de carne sem vida individual, cuja expulsão geralmente ocorre após nove meses; mas nenhum homem terreno é formado. Além disso, o vínculo da vida, uma vez estabele-

[170] A natureza das almas parece não ter sofrido ainda nenhuma alteração, ao passo que a forma dos corpos e sua duração evidentemente se deterioraram, o que deve acontecer, pois as almas são imortais e os corpos apenas oferecem transformações da matéria. Vide página 16 (ensaio de psicologia fisiológica 5) e a nota da página 28 (ensaio de psicologia fisiológica 5),

[171] Vide páginas 13 e 14 (ensaio de psicologia fisiológica 3).

[172] A vida só se individualiza e se renova no embrião porque a alma que ela envolve a atrai por uma espécie de aspiração. – A mulher, na concepção, perde mais fluido nervoso e o homem mais vida espiritualizada. – Assim, este sofre, então, uma diminuição considerável de força. – *Post coïtum omne masculum triste* [*Depois do coito, todo homem é triste*].

cido, renova-se e consolida-se à medida que o organismo se desenvolve.

Desde que a vida abriu para nós o mundo dos corpos, estamos inevitavelmente sujeitos à lei que determina que, um dia, a morte dele nos expulse, e o suicídio pode voluntariamente até apressar esse processo; ao passo que a encarnação de uma alma não é inevitável e nunca depende unicamente da vontade daquela que está envolvida. Com efeito, voltar à Terra, é tentar novas chances de melhoria e de felicidade; porém isso supõe que se encontre a ocasião, e a quantidade de almas que a procuram ultrapassa muito a dos corpos que aí se formam.

Parece que no outro mundo, após um certo tempo, a atividade espiritual torna-se cansativa para a maioria das almas, e que elas sofrem uma espécie de ansiedade que lhes faz vivamente sentir a necessidade de uma mudança de estado. Tais almas, assim dispostas, aproximam-se do mundo dos corpos, cuja lembrança elas conservaram, como nós, na Terra, conservamos o sentimento da imortalidade. Então, assim que surgir a oportunidade, elas se precipitam para um organismo novo, e desaparecem nos fluxos da vida no momento da concepção. Há algo de voluntário nessa encarnação, porque as almas são livres. Todavia, uma poderosa atração as chama para essa encarnação; mas como lhes faltam órgãos materiais para ver a Terra, elas não podem escolher seus pais, e seguem a luz da vida humana, que está apta para impressionar sua sensibilidade, pela mesma razão que ela deve dominá-la um dia[173]. Entretanto, além dessa via comum às encarnações, algumas são feitas acidentalmente ou até por uma vocação especial[174].

Vimos que a vida espiritual se alimenta por meio das emanações de um primeiro sol procedente de Deus. Esse alimento celeste continua na Terra para as almas encarnadas; ele é modificado por suas paixões, e forma a via das comunicações entre os dois mundos. É por aí que os espíritos se unem ao homem, compartilham suas afeições, e, tanto no bem como no mal, influem nos seus pensamentos[175].

[173] O primeiro sonâmbulo lúcido do senhor Deleuze, mostrava-lhe cada pessoa que ele encontrava, dizendo-lhe: " Eis um fluido que passa". Realmente, a vida espiritualizada é um fluido luminoso assimilado à natureza da alma.

[174] É o que os sacerdotes indianos afirmam a respeito do grande Lama, cuja alma, segundo eles, apenas muda de corpo a cada nova encarnação. Os profetas poderiam também chegar entre nós com uma missão especial.

[175] A influência do mundo espiritual se faz sentir em todas as nossas de-

Tais relações são ordinariamente vagas e irregulares; mas elas se tornam mais precisas e regulares pela conformidade e energia dos sentimentos. Assim, um espírito que de certa forma se identificou conosco pode, durante a união dos sexos, ser arrastado pelas ondas da vida, perder a consciência de sua existência, e encontrar-se inopinadamente encarnado. Da mesma forma, também a morte nos faz perder por um momento a consciência de nosso ser espiritual[176]. Mas a alma logo desperta com plenos poderes de suas faculdades, ao passo que, ao se encarnar, ela fica delas privada por muito tempo, pois, para usá-las, ela precisa esperar o desenvolvimento do cérebro, onde, doravante, a vida acarreta o trabalho de seus pensamentos.

Entretanto, um anjo assim acidentalmente trazido para junto de nós com frequência se encontra apartado das mais ternas afeições, e a dor que ele sente espalha então sobre sua existência terrena um sentimento de pesar melancólico que, sem causa conhecida, é exalado para o mundo espiritual[177].

Nada direi sobre a dor que ele aí deixa; choramos sua felicidade perdida: a felicidade é mais preciosa que a vida, e a ternura dos anjos é inefável. Os espíritos malignos podem também pegar um corpo em consequência de uma encarnação especial ou inopinada, e levar para a Terra o movimento de sua vida infernal. Então, eles nela conservam um pedaço da corrente que os une ao outro mundo. Para eles, o sucesso tudo justifica, e demonstram uma ambição sem limites, sustentada por uma prodigiosa atividade. Em geral, neste mundo, a inteligência dos homens que aqui chegam acidentalmente desenvolve-se com rapidez, a menos que sua organização cerebral se recuse a fazê-lo: assim, quando seu retorno se encontra perto de sua última partida, parece-lhes nada ter feito além de esquecer as ciências que procuraram lhes ensinar. O mesmo ocorre com o aspecto dos lugares e, por exemplo, do mar que, para certas pessoas, desperta uma espécie de reminiscência, como

terminações importantes, e é o que, nas Índias, fez nascer a fé nos bons e nos maus gênios, e entre nós, a nos bons e nos maus anjos.

[176] Toda mudança em nosso modo de existência é precedida da perda da consciência de nosso ser; é uma passagem na qual não possuímos mais o modo de existência que nos deixa, e na qual não possuímos tampouco aquele em que vamos entrar. É essa passagem que fez chamar de *sonambulismo* o estado lúcido, porque ele precede ou segue a formação ou o desaparecimento do modo particular de existência, chamado *estado magnético*.

[177] A lembrança dos sentimentos, quando ela é profunda, conserva-se ao chegar à Terra; porém o mesmo não ocorre com os fatos e as circunstâncias que lhes deram origem. Vide páginas 21-22 (ensaio de psicologia fisiológica 3), e as notas de rodapé que se encontram nessas páginas.

se reencontrassem a sua lembrança na memória. Podemos afirmar que, geralmente, a superioridade que admiramos nos homens eminentes é devida a circunstâncias fortuitas ou à privilegiada conformação de seu cérebro. Entretanto, Swedenborg afirma que essa superioridade lhes inspira, muitas vezes, um orgulho que os acompanha até no outro mundo, embora as ciências terrenas lá não sirvam para nada, e que a morte tudo nivela.

A natureza espiritual é essencialmente livre, e desde que a alma é desembaraçada dos entraves do corpo, apenas sua vontade determina seus atos. Quando quisemos transportar para o outro mundo nossos julgamentos e nossos meios de coerção, que são todos dirigidos à organização material, não refletimos o suficiente sobre isso. Deus não amaldiçoa ninguém – disse Swedenborg -, e é próprio homem-espírito que decide sua sorte. Mas ao seguir suas inclinações, os bons e os maus chegam a resultados opostos. Com efeito, o amor a Deus e ao próximo conduz necessariamente os primeiros a bem-aventuranças inefáveis; ao passo que os segundos, atormentados pelo orgulho e pelo egoísmo, sofrem até com seus sucessos. Como eu já disse, a vida das almas consiste em seus sentimentos, e assim que a natureza estiver claramente determinada a isso, nenhuma gostaria nem poderia escapar de sua morte. Suponham um ímpio numa sociedade de anjos: sua vontade de prejudicar aí seria paralisada, pois as feridas que ele poderia ter causado até reclamando de sua perversidade serão consoladas; logo ele fugirá, sufocado nessa atmosfera de amor; voltará para junto de seus semelhantes, restabelecendo a atividade de sua vida em uma luta incessante, na qual, ora vencedor e ora vencido, cada um exerce ou sofre contínuas vinganças. Os maus permanecem, pois, entre os maus, o que não os impede de maldizer sua vida infernal e de invejar o destino dos anjos. O céu e o inferno – diz Swedenborg – estão em uma luta contínua, que se faz sentir, sobretudo, em sua extremidade, e sua influência poderia explicar, em parte, a mistura do bem e do mal que encontramos em toda parte na Terra. Já demonstrei anteriormente que os corpos estão ligados por sua consistência e as almas por sua sensibilidade; mas só podemos interromper o curso das sensações que liga as almas ao mundo espiritual impondo a ele o obstáculo de uma nova encarnação: parece que é a única via de melhoria que resta aos maus.

A vida dos corpos é quase a mesma em todos os organismos humanos e na Terra; eles estão igualmente submetidos às leis inexoráveis da física, que não conhecem nem o justo nem o injusto. Com a vida das almas é diferente, seu elemento é único: mas os bons transformam-no em amor, e os maus em orgulho; a separação torna-se, pois, inevitável, e no mundo espiritual, no qual nada está oculto, o destino de cada um se encontra em perfeita harmonia com sua moralidade. Muitas vezes tal harmonia é destruída neste mundo pelas inevitáveis consequências de nossa encarnação, que nos submete às leis físicas. Essa discordância desperta em nós uma espécie de revolta, pois o triunfo dos ímpios nos parece uma blasfêmia contra Deus. Esse fenômeno provém do fato de que a existência de nossas almas precedeu sua chegada na Terra. Realmente, reflitamos sobre isso, reconheceremos que se a alma nascesse com o corpo, suas faculdades desenvolver-se-iam sob a influência do organismo, e ela se submeteria sem resistência às leis inexoráveis da matéria; ao passo que, ao contrário, se a alma chega do mundo espiritual, ela deve dele trazer o sentimento da justiça divina, que, muitas vezes, são feridos pelas coisas deste mundo. Não vemos, aliás, que o sucesso dos ímpios, tão odioso à juventude, muitas vezes se torna apenas um assunto de cálculo para o egoísmo da meia-idade, pervertido pela longa influência da vida terrena? Assim, é, portanto, ao sentimento desenvolvido em uma existência espiritual anterior que devemos a repulsa que o triunfo da iniquidade desperta em nós.

Conservamos, interiormente, o sentimento do mundo espiritual, que nos diz que cada alma traça para si um destino espiritual, ao passo que na Terra todos os corpos estão submetidos às mesmas leis.

Além disso, todos os que observaram o desenvolvimento da primeira idade, puderam afirmar que certas crianças trazem para o mundo disposições angelicais, que outras mostram disposições opostas, ao passo que a maioria parece insignificante. Estou falando apenas das disposições morais, pois sabemos que a conformação do cérebro influi no progresso da inteligência. De fato, é esse órgão que nos coloca em contato com o mundo exterior, e é necessariamente sobre ele que o trabalho dos pensamentos reage. O movimento da vida desenvolve o organismo da criança, mas sua alma não cresce; na infância, ela apenas aplica suas forças aos sucessos dos interesses pueris que excitam suas paixões.

A ideia que temos da justiça de Deus tampouco parece permitir que associemos uma punição eterna às consequências de nossa curta aparição na Terra. Não é evidente que a mais chocante desigualdade presida a distribuição dos lotes da vida? Não falo da fortuna, da saúde, do vigor, da beleza, nem mesmo da influência que o organismo pode ter sobre o desenvolvimento das paixões; mas, focando apenas nas consequências dos exemplos da família, quem ousaria afirmar que teria saído virtuoso de certas circunstâncias que poderiam ter dominado os dias de sua infância? Com efeito, como resistir ao hábito da imitação e ao poder da autoridade em uma idade em que a obediência se torna um dever, pois ela é a primeira necessidade? Não, parece-me impossível que a passagem de uma alma pela Terra decida irrevogavelmente sobre o seu destino, enquanto entendemos que as gerações, ao se sucederem, devem sofrer nas suas novas encarnações as consequências que anteriormente elas mesmas prepararam para si. Afirmamos, na verdade, que no juízo final a justiça divina levará em consideração as circunstâncias da vida de cada um; mas havemos de convir que o mesmo não ocorrerá se a felicidade ou os sofrimentos das almas dependem da vida espiritual que elas criaram, pois cada uma trará seu destino consigo, e ele seria determinado pelas leis imutáveis que regem o mundo espiritual, como as leis da física dispõem do destino dos corpos. Entretanto, devemos concordar com Swedenborg que no outro mundo o estado moral das almas se fixa, e que ele não mudaria mais se não restassem para as futuras melhorias as chances que apenas novas encarnações podem lhes abrir.

Frequentemente, neste mundo, parece-nos, quando sonhamos, que percorremos o espaço e atravessamos os ares; esse fenômeno, contrário às leis da gravidade, é apenas uma imagem da locomoção no outro mundo, no qual somente a ação espiritual existe e muda, até, as formas dos indivíduos, pois parece certo que a alma reveste a figura dos diversos corpos cuja vida ocupa suas lembranças[178].

Além disso, a encarnação em novos corpos é um imenso benefício para as almas, já que elas lhe abrem oportunidades de melhorias e de felicidade, apagando seu passado

[178] Swedenborg afirma que todos os anjos de uma mesma sociedade têm um ar familiar notável: isso vem do fato de que a vida espiritual, que determina a fisionomia de cada um tem, entretanto, uma base comum para todos. Podemos estar certos de que mesmo na Terra dois esposos, após uma longa união, acabam por adquirir entre eles uma espécie de semelhança.

e permitindo que suas faculdades novamente se desenvolvam sob a influência das mais ternas afeições, tais como as de um pai dedicado e de uma mãe que as alimenta com sua própria substância. No mundo espiritual, ao contrário, não há mais nem pais, nem mães, nem irmãos, nem irmãs; os laços de família nele estão rompidos; todos os sentimentos estão expostos, e a natureza da sensibilidade de cada um, uma vez determinada, não encontra mais oportunidade de mudar. A encarnação para uma alma é, pois, uma coisa importante; porém aqueles que lhe abrem essa vida deveriam pensar em lhe garantir um destino favorável na Terra, pois sua vinda só é uma benção a esse preço.

CAPÍTULO V
Comunicações do homem terreno com o mundo espiritual

Tudo o que, no homem terreno, não é puramente orgânico, tem seu princípio no homem-espírito, do qual não é mais do que uma tradução física. As afeições – diz Swedenborg – se refletem no rosto; a palavra exprime o pensamento, e as ações manifestam a vontade. Todavia, a alma, aprisionada na vida, logo esquece sua própria natureza, e só vê realidade nas relações novas que ela deve aos órgãos do corpo.

Todas as ciências estão incluídas nesse círculo; porém, após a morte, a alma vê apenas o mundo espiritual: a fortuna e a saúde, objetos constantes dos cuidados da via, deixam de preocupá-la.

Outros interesses, por sua atualidade, a solicitam, e a Terra se torna estranha para ela.

Neste mundo, só percebemos as relações materiais, pois vivemos na vida do corpo. Mas tudo muda no outro mundo. Nossas almas são, então, imediatamente afetadas por novos objetos, e nossos pensamentos tomam outra direção.

O anjo – diz Swedenborg – pensa em conformidade com os objetos espirituais, e o homem em conformidade com os objetos naturais: assim os contatos individuais são raros, embora entre os dois mundos as comunicações sejam incessantes e tão naturais que elas se confundem com a sensação da vida, e permanecem despercebidas.

O sol espiritual brilha para todas as almas encarnadas e não encarnadas; ele espalha sobre elas o elemento da sensibilidade, e vimos que elas se dele se apropriam em um trabalho realizado no occipício. É por aí que as influências nos chegam do outro mundo[179], e podemos facilmente

[179] As encarnações seguem o mesmo caminho.

reconhecer, quando da invasão do sono, que a vontade do homem que dorme retira-se para essa região da cabeça.

Swedenborg assegure que a ação divina opera por essa via sobre o homem-espírito.

A influência do mundo espiritual não chega, no estado normal, a impressionar diretamente o cérebro; ela para nos plexos, e como resultado temos apenas emoções mais ou menos sentidas. Entretanto, ela pode, quando dormimos, produzir sensações fantásticas impregnadas de lembranças[180].

Assim, poucas pessoas chegam à meia-idade sem terem sido agitadas e preocupadas com sonhos. Poderei citar inúmeros exemplos, pois os fenômenos desse tipo não são raros[181].

Por vezes, em estado de vigília, a influência dos espíritos sobre o homem terreno manifesta-se por palavras pronunciadas durante a vida daquele a quem elas se dirigem; então, elas agem diretamente sobre o cérebro como as de nossos sonhos. "Ouvimos em nós – diz Swedenborg – as palavras dos anjos, e fora de nós, as dos homens". Essa revelação é notável, pois, realmente, parece que as palavras dos seres espirituais, que não agem sobre o ar, só podem ser ouvidas pelo homem reagindo por meio da vida sobre seu cérebro. Então, aquele a quem elas se dirigem é o único a ouvi-las; o mesmo ocorre com todas as comunicações com os espíritos, feitas sempre por intermédio da vida espiritualizada. Lemos na Bíblia (Daniel, 10): "Somente eu, Daniel, tive a visão; os que me acompanhavam nada viram". Todas as reações da alma sobre o organismo também se executam por via interna. É por essa razão que o homem adormecido é o único a ouvir as palavras de seus sonhos.

As comunicações ordinárias entre os dois mundos são contínuas e comuns a todos os homens; elas se confundem com a sensação da vida, e, como eu já disse, elas deram origem à fábula do Gênio Bom e do Gênio Mau. Cada um pode seguir seus traços em si mesmo, e o observador reconhecerá com que obstinação certas ideias voltam contra nossa vontade[182]. Nada é mais difícil, algumas vezes,

[180] Vide páginas 31 e 32 (ensaio de psicologia fisiológica 3).

[181] Eu havia conduzido um paciente às Águas de Néris, onde ele morreu subitamente, e, na noite seguinte, ele apareceu em sonho à sua irmã, a duzentas léguas dali. "Minha irmã – disse ele – acabo de morrer. – Que terrível desgraça! – ela exclamou. – Não, não é uma desgraça – ele respondeu – pois estou melhor aqui do que na Terra". Vide nota de rodapé da página 31 (ensaio de psicologia fisiológica 3). Ouvimos em nossos sonhos tão claramente como quando acordados, já que ouvir é uma faculdade da alma que manifesta sua força de perceber os sons, seja qual for a causa que os produziu.

[182] Vide páginas 2 e 3 (ensaio de psicologia fisiológica 4).

do que encerrarmos nossos pensamentos em um círculo determinado. Essa dificuldade pode, em caso de doença, tornar-se insuperável: ela revela as alienações mentais, nas quais, como o doutor Esquirol observou, os enfermos não são mais livres para fixar sua atenção; eles parecem, ao contrário, sobretudo nas lipemanias[183], obedecer a uma influência estranha que procura afastar deles os mais devotados corações e os impele à sua destruição. Os *Evangelhos* falam em vinte lugares de possessão; e, apesar do materialismo da filosofia moderna, devemos reconhecer que as lipemanias apresentam fenômenos análogos[184].

Além disso, parece que a influência do mundo espiritual pode, em consequência de acidentes, passar ao estado de comunicação direta e, então, manifestar-se claramente.

O seguinte caso parece oferecer um exemplo disso:

Em 1815, o conde de L. estava voltando do campo, quando foi surpreendido por uma tempestade. O raio derrubou seu cabriolé, e ele foi encontrado na estrada, inconsciente. Foi levado para um castelo vizinho, onde foi magnetizado. Ele não entrou em estado lúcido, mas voltando à vida, ele se encontrou em contado com dois grupos de espíritos que só ele escutava, embora eles lhe falassem no tom de uma conversa comum.

O conde de L. devia ter então vinte e dois anos. Ele era militar e servia na guarda. Certo dia, uma dessas vozes em questão denunciou-lhe uma conspiração contra o governo. Indicou-lhe o local das reuniões, os nomes dos conspiradores, seu plano de ação etc. Ele já estava saindo para ir fazer sua denúncia, quando outra voz o deteve, censurando sua credulidade. "Não se esqueça – disse-lhe essa voz – que Deus deu-lhe a razão, que é uma tocha com a qual o senhor deve, antes de tudo, iluminar seus passos". O conselho pareceu-lhe prudente. Tomou informações, e convenceu-se de que a pretensa conspiração nada tinha de verdade. Certamente, dir-se-á que o conde de L., de quem eu obtive esse caso, era louco, e eu não ficaria surpreso se ele tivesse se tornado; mas os fenômenos que nele se manifestaram não deixam de ser curiosos.

Ordinariamente – diz Swedenborg – os espíritos que

[183] N. T. – Profunda tristeza.

[184] O senhor de Buffon havia notado que a loucura só se declara após a puberdade e vimos, no capítulo precedente, que os espíritos, que procuram se encarnar, seguem, então, a luz da vida dos homens terrenos. Podemos considerar que os magnetizadores possuem seus sonâmbulos até certo ponto; mas é preciso, para produzir tais fenômenos, que um caso patológico lhes permita que se desenvolvam, o que os fez confundi-los com as doenças comuns.

conversam com o homem se servem, sem perceber, do idioma do interlocutor, porque eles revestem seus pensamentos com as palavras que eles encontram na memória dele. Entretanto, o profeta sueco afirma que todas as almas falam a mesma língua, e que para elas essa é uma faculdade natural, como a de pensar, que elas apenas traduzem em palavras. Vários fenômenos de lucidez que, recentemente foram observados na Alemanha, parecem confirmar essa revelação[185].

Acabo de mostrar por qual via os espíritos se comunicam conosco; disso resulta, tanto no sono como na vigília, que nunca suas aparições *projetam sombra*; pois eles só estão presentes em suas impressões que o cérebro recebe, e não possuem qualquer existência exterior que possa ser um obstáculo para os raios luminosos. Não faz parte do meu projeto informar todos os perigos que acompanham essas comunicações; mas aconselho o leitor a rever, a esse respeito, o que eu disse na página 10 (ensaio de psicologia fisiológica 5)[186].

Indica-se como uma prova da falsidade das aparições que elas diminuem com o progresso das luzes, e que a maior parte não justificaria uma derrogação das leis da natureza. Hei de convir que a credulidade e a ignorância devem ter misturado muitos erros na verdade; mas esse motivo não basta para fazer rejeitar sem exame uma fé comum a todos os povos, e que parece fundada no sentimento da imortalidade da alma. As leis da natureza não são, além disso, conhecidas o suficiente para que possamos, ainda, bem determinar seus limites, e as aparições não os excedem se seguirem a via que indiquei; o corpo é apenas um instrumento do qual a vida nos empresta o uso e é por seu intermédio que os espíritos se comunicam conosco. Portanto, não é surpreendente que eles possam parar nos-

[185] A visionária de Prévost, comunicando-se com os espíritos, escutava-os se expressarem em uma língua desconhecida, que ela entendia naturalmente, e traduzia para os assistentes no idioma do país.

[186] Em 1789, em Paris, as reuniões de iluminados eram numerosas. A senhora duquesa de Créquy relata a esse respeito um caso que pode ser encontrado em várias memórias da época; trata-se da Cruz dos Balsamitas, e a cena se passa no Elysée Bourbon. O senhor conde de Caylus ali introduziu à meia-noite, pela portinhola do jardim, a senhora duquesa de Gèvres: os proprietários estavam ausentes; mas ela conhecia perfeitamente o local, e o que ela viu aterrorizou-a tanto que ela fugiu, escapando por uma janela do térreo que dava para o pátio. No dia seguinte, o senhor conde de Caylus, que fora responsável pela duquesa, foi encontrado morto em sua cama, sem lesão aparente. – Contaram-me várias história desse gênero, terminadas da mesma forma, e penso que a morte pode, nesse caso, resultar de um abalo causado com muito impacto na vida espiritualizada para separá-la do cérebro. Vide p. 15, § 3 (ensaio de psicologia fisiológica 3) e a nota de rodapé *.

sos movimentos, da mesma forma que um magnetizador pode, algumas vezes, parar os de um sonâmbulo lúcido. Um amigo meu, com mais de sessenta anos de idade, que a filosofia de Dupuis (autor de *Origem de Todos os Cultos*) pouco predispunha à credulidade, foi, por muito tempo, atormentado por um barulho estranho, a partir do momento em que, na cama, ele apagava a vela. Então, ele tornava a se levantar, chamava seus empregados, procurava em toda parte e nada achava. Certa noite, a esse alvoroço, juntou-se a *sensação* de que alguém puxava sua coberta; levantou-se bruscamente do seu assento e encontrou-se imediatamente em frente a um desconhecido, vestido à romana, cujo olhar severo fixava-se nele. O rosto desse homem iluminava-se com uma luz particular bem semelhante a que teria filtrado através do alabastro.

Meu amigo quis gritar e precipitar-se para fora da cama, mas nem sua língua, nem seus membros obedeceram à sua vontade. Permaneceu mudo e imóvel, e teve todo o tempo para certificar-se de sua impotência, pois a aparição silenciosa que o fascinava durou mais de meia hora; finalmente, ela desapareceu sem deixar vestígios. Imediatamente seu movimento retornou; chamou, saltou para fora da cama, e por toda a parte, em seu apartamento, fez buscas tão minuciosas quanto inúteis.

No dia seguinte, meu amigo estava na maior inquietação; aquela visão o perturbava; contava todos os seus detalhes como alguém que os havia cuidadosamente observado; e, entretanto, acabou por atribuí-los à sua imaginação, embora ninguém, menos que ele, estivesse disposto a se iludir. Talvez, poderemos perguntar: Qual o sentido daquela aparição? Eu ignoro; mas parece-me que esperamos dos espíritos, em suas relações conosco, uma série de consequências que a vida das almas na Terra justifica muito mal, pois muitas pessoas ficariam muito embaraçadas de prestar contas de todos os seus atos.

Parece que após a morte a alma conserva ainda por algum tempo as ideias religiosas que possuía na Terra. É notável que nas aparições que vou relatar nenhuma das testemunhas viu ou ouviu alguma coisa. Meu pai possuía, na Bretanha a outrora denominada Abadia de Lentenac; uma pequena fazenda dependia dela e era explorada por um antigo militar chamado Jean Samson; ele morreu, e alguns dias depois, apareceu a um lavrador que, de madrugada, entrava na fazenda. – Fale com ele, diz a viúva. – Não ouso, respondeu-lhe; sinto muito medo. Ele ainda veste o casaco azul que a senhora me deu e com o qual estou vestido[187]. O defunto pediu que fizessem à Santa Anne d'Auray uma viagem que ele havia prometido, o que foi realizado de boa-vontade. Obtive esses pormenores de sua viúva, hoje falecida.

Faz uma dezena de anos que faleceu a senhora Courtel, camponesa do povoado de Blanlin, perto de Lentenac. Pouco depois, uma moça, sua criada, certa manhã a viu indo ordenhar as vacas; ela gritou e quis fugir; porém o filho da falecida acorreu e a deteve, ordenando-lhe que perguntasse à sua mãe o que ela queria. Tratava-se, novamente, de uma viagem à Santa Anne d'Auray que foi executada de bom grado.

Durante as rebeliões que agitaram a Bretanha, morreu na comuna de Garenne, próximo à Chèse, um tecelão chamado Jean Goujon. Era viúvo, sem filhos e deixava sua cabana deserta e abandonada. Era época da colheita. Uma jovem de dezenove anos, voltando do campo, ia entrar na fazenda vizinha, quando recuou, soltando gritos porque via, segundo ela, Jean Goujon que a olhava, deitado na soleira da porta. Ele pediu que rezassem missas em sua intenção, indicando, para tanto, o dinheiro que ele escondera no canto de sua lareira, atrás de uma pedra que se destacava da parede. O dinheiro foi encontrado e as missas realizadas. Eu quis, quando voltei à região, obter informações, mas a jovem e o vigário haviam falecido.

Todas essas aparições de espíritos eram invisíveis para os espectadores; o mesmo deve ser dito daquelas que se mostraram à célebre Joana d'Arc, cuja simplicidade sublime deveria ter inspirado o respeito e a admiração, e que, entretanto, na França, onde o espírito nada respeita, tornou-se a heroína de um poema licencioso.

Perguntar-me-ão por que as histórias desse tipo, comuns em nossos campos, são mais raras nas cidades; talvez seja porque elas exigem, como o estado lúcido, uma predisposição daqueles que as recebem, a que a incredulidade se opõe, e a que, aliás, a agitação que o movimento da civilização causa em nosso meio, constitui um empecilho.

O caso seguinte se passou em Paris.

Por volta do outono de 1832, um amigo meu, estudante de medicina, ocupava um cômodo no quarto andar de uma

[187] A viúva havia dado o casaco do seu marido ao rapaz lavrador, ao qual seu marido aparecia.

casa antiga, na Rua de La Harpe, número 30. A cidade estava, então, realizando escavações no local do antigo convento dos Cordeliers. Lá encontraram sepulturas de tijolos, contendo, cada uma, um esqueleto mais ou menos bem conservado. Meu jovem amigo acompanhava a operação, e após ter dado algum dinheiro aos operários, levou para casa uma grande quantidade de ossos, que arranjou, em parte, como uma espécie de ornamento nas paredes de seu quarto. Dois dias mais tarde, ele brincou sobre isso com um dos seus amigos que fora visitá-lo e que o deixou muito tarde. Desceu para acompanhá-lo, e quando tornou a subir, sentiu-se tomado por um movimento de medo e, para dissipá-lo, fumou e tomou alguns goles de aguardente; então, depois, jogou-se na cama, onde adormeceu. Disse-me ele:

> Fui acordado por uma dor no punho: meu rosto estava virado para a janela. Ouvi um barulho confuso palavras e gemidos, e vi, ao luar que penetrava no meu quarto, destacarem-se duas filas de homens vestidos de túnicas de um branco-acinzentado. Seus rostos luziam como se fossem feitos de prata; seus olhos fixos em mim estavam calmos e sinistros; às vezes eles se entreolhavam lastimosamente. Pensei estar sendo vítima de um pensamento terrível; mas estava bem desperto, pois ouvi um carro passar na rua, e a hora soar no relógio de Saint-Séverin. A aparição tinha adquirido consistência. Eu distinguia todos os seus detalhes. Eu queria lançar-me para fora do quarto, mas a mão que me apertava o punho reteve-me na cama. Ergui a cabeça e vi perto de mim um homem de alta estatura; segurava um livro em sua mão esquerda; seu rosto pálido estava cheio de dignidade. Em vão, tentei falar; minhas ideias se confundiam em um sentimento de raiva, de desespero e de pavor. Durante muito tempo ouvi esses homens conversarem em voz baixa. O homem largou-me o braço, dirigindo-me um discurso no qual eu só distinguia esses palavras: *curiosidade, infame, clemência, sacrilégio, juventude*... Senti-me livre; pulei para fora do leito, e fui abrir minha janela. Sentia uma grande vontade de correr para o pátio. Entretanto, o frescor da noite trouxe-me de volta à vida real. Desviei os olhos para minha cama; vi-me nela deitado; o abade ainda segurava meus braços, e imaginei que ele me falava pelo movimento de seus lábios. As duas filas de monges continuavam no seu lugar, e nesse momento, meu terror se dissipou. Permaneci, por pelo menos uma hora, a considerar aquela cena estranha. Ouvi soarem

quatro horas, e o dia começava a amanhecer. Voltei à minha cama. O abade agarrou-me o punho e apertou-o com uma espécie de benevolência. Sua mão tornava-se mais fria à medida que o amanhecer avançava. Então, vi uma espécie de massa confusa de homens que se agitavam em um raio de luar; ouvi portas se abrirem e se fecharem e, depois, um véu estendeu-se sobre meus olhos e adormeci profundamente. De manhã, ao despertar, sentia ainda uma forte dor no punho, e a janela de meu quarto estava aberta como eu a havia deixado. Pareceu-me que eu acabara de escapar de um grande perigo.

Vemos que as aparições precedentes sempre se passaram no cérebro daqueles que as viram, e não tiveram nenhuma existência exterior; não pode ser de outra forma se, como expliquei, essas comunicações forem feitas por meio da vida. Alguns magnetizadores acreditaram que os espíritos podiam agir imediatamente sobre a matéria; mas os fatos citados por eles são raros, e o entusiasmo muitas vezes engana. Direi também que a faculdade de ver não se desloca nos sonâmbulos lúcidos, pois podemos ter certeza de que, então, seus olhos se *convulsionam* para receber as imagens que a luz da vida lhes traz de trás para frente[188]; e se nessa visão, bem ativa, os olhos de um sonâmbulo não se *convulsionam*, presume-se que ele procura em sua imaginação o fantasma dos objetos que ele mesmo nela traçou.

O conhecimento da vida parece-me quase a única chama que possa iluminar o estudo dos fenômenos da psicologia; essa opinião guiou-me, e por mais imperfeito que seja meu trabalho, reconhecer-se-á que ele oferece a globalidade de um sistema no qual tudo se liga. Eu gostaria de publicar separadamente suas primeiras partes para que merecessem um exame particular; mas as circunstâncias ensinaram-me que a morte ou as enfermidades podiam arrancar-me a pluma das mãos: e pensei ter cumprido uma espécie de missão publicando este apêndice, pois é um dever de cada um difundir as luzes que acredita ser o único a possuir, quando por sua natureza, elas pertencem a todos.

Estou publicando, pois, uma obra totalmente espiritualista em um século unicamente preocupado com seu

[188] Vide página 17 (ensaio de psicologia fisiológica 4). – A alma no trabalho dos pensamentos projeta a vida de trás para a frente. A ação parte da base do crânio, e vai executar movimentos horizontais nos lobos anteriores do cérebro. – Além disso, devo ressaltar que, em todas as aparições, os espíritos se mostram com os olhos, como nós.

bem-estar material, e não espero chamar sua atenção; mas me resta o futuro e tenho confiança nele, pois não ignoro que as descobertas úteis apenas crescem sobre a sepultura daqueles que as fizeram.

FIM

ENSAIO DE PSICOLOGIA FISIOLÓGICA
foi confeccionado em impressão digital, em dezembro de 2021
Conhecimento Editorial Ltda
(19) 3451-5440 — conhecimento@edconhecimento.com.br
Impresso em Luxcream 80g - StoraEnso